「気づき」を促進する
プロジェクト授業の実践と考察

―ドイツ語教育の現場から―

齊藤 公輔・田原 憲和・池谷 尚美

大阪公立大学共同出版会

目　　次

はじめに

　日本にドイツ語教育が誕生して久しい。日本のドイツ語教育をけん引する日本ドイツ語教育部会が設立されたのは1970年であり、すでに半世紀の歴史を有している。そのあいだに、ドイツ語教育を取り巻く環境は常に大きく変化してきた。その筆頭に教授法の変遷をあげることができるだろう。明治期からの伝統である文法訳読法にはじまり、オーディオリンガルメソッドやコミュニカティブ・アプローチなどを経て、現在はCLILやプロジェクト学習などのさまざまな教授法が展開されている。ただし、多様な教授法のリソースがあるものの、教育現場では今なお文法訳読法が多く採用されている。

　もちろん文法訳読法が「悪」であると安易に決めつけられないことは、改めて言及するまでもないであろう。難解な原書を精読するなどの場面では文法に関する精緻な理解が求められるだけでなく、著者の意図を読み解いていくための高い読解力が不可欠である。しかし現在のドイツ語教育においては、新しい能力の育成という新しい課題がある。すなわち、自律型の外国語学習である。これにより、ドイツ語教育にもプロジェクト型授業に代表されるアクティブ・ラーニングが取り入れられるようになってきている。

　学習者の自律を促す外国語学習は時代の要請とも言える。『ヨーロッパ共通参照枠』（以下CEFR）では、学習者が授業後も外国語学習を自発的に行うことができるようになることの必要性について、次のように指摘している。

　　能力や方略を身につけ、効果的にコミュニケーションの場面に参加するために必要な課題、活動、過程を遂行するのは学習者なのである。しかしながら、学習過程を自発的に計画し、組み立てて、実行する、積極的な学習者はごくわずかである。［中略］授業コースが

1

終了した後は、自律的な学習が必要になる。「学ぶことを学習する」ことが言語学習に不可欠であることを認識し、それによって、学習者の学習方法や、どのような選択肢があるか、どの選択肢が自分に合うかについて意識がたかまれば、自律的な学習が促進される[1]。

　大学の授業は1セメスター15回という学習期間が定められており、かつ1回の授業は90分である。外国語学習は、この枠組みの中で学習をスタートさせ、15回の授業終了と同時に学習を終えるという類のものではなく、授業期間終了後も自主的自律的に学習を継続することが求められる。それゆえ、「学ぶことを学習する」ことも習得していくことが重要であると指摘しているのである。このような時代背景にあって、ドイツ語教育においても、アクティブ・ラーニングなどを中心とした学習者の自律的学習能力の育成を目指す動きがますます盛んになっている。

　こうした動きをさらに活性化させているのが、ICTを導入した教育である。近年、EdTech（エドテック）と呼ばれる教育（Education）とテクノロジー（Technology）を掛け合わせた領域が脚光を浴びつつある。文部科学省が推進するGIGAスクール構想[2]により、2023年（令和5年）度までにすべての児童生徒に1人1台ICT端末環境を実現することが目指されている。これは、世界の国々と比較して、日本の教育界におけるICT活用比率が極端に低いことが関係している。文科省の資料によれば、OECDにおける学校でのICT使用頻度は50か国中最下位であるばかりでなく、49位韓国の1/3程度の使用頻度しかない[3]。こうした環境では、学

1　吉島茂，大橋理枝訳・編：『外国語学習、教授、評価のためのヨーロッパ共通参照枠』，朝日出版社，2002年，154ページ以下。
2　GIGAはGlobal and Innovation Gateway for Allの略称である。
3　文部科学省初等中等教育局　情報教育・外国語教育課：「教育の情報化〜GIGAスクール構想の実現〜」，令和2年1月（https://www.mext.go.jp/kaigisiryo/content/20200122-mxt_kyoikujinzai01-000003940_4A.pdf）（2020年11月16日最終アクセス）

習者一人一人の理解度に応じて個別に学習を進めたり、学習者同士が双方向的に反応しあう一斉授業などは困難である。「多様な子供たちを誰一人取り残すことなく、公正に個別最適化され、資質・能力が一層確実に育成できる」「教師・児童生徒の力を最大限に引き出す」[4] という目的を達成するためにも、ICTを積極的に活用した学校教育が求められているのである。

これに呼応して、日本でもEdTechが盛り上がりはじめている。タブレット端末やスマートフォンにインストールして使うさまざまなアプリケーションが開発され、授業に導入する教育機関も増えはじめている。これらは、一人学習を促進するものからグループ学習を目的とするものまで多種多様であり、授業形態や利用目的に応じて使い分けることができる。また、教育向けに開発されたものではないアプリケーションであっても、使い方を工夫することで授業や教育に取り入れることが可能となるものも少なくない。多様な外国語の教育を促進する目的で作成された『外国語学習のめやす』では、この点が意識されており、21世紀型スキルの1つであるICTの利活用を通してグローバル社会とのつながりを目指す外国語教育が提案されている。

アクティブ・ラーニングおよびICT教育に加え、学習者の気づきが外国語学習における重要なキーワードとなってきている。気づきとは、未知の事柄に対して自ら解答を見出すことや、学習プロセスにおける自己の内省、自分とは異なる新しいものの見方などを含むものと言えるが、いずれも学習者の能動的な態度が肝心である。受動的に知識を詰め込まれるのを待つ姿勢ではなく、学習を通して何かを得ようとする積極的な姿勢の中にこそ、思わぬ発見が生まれるのである。

---

[4] 文部科学省：「GIGAスクール構想の実現へ（リーフレット）」(https://www.mext.go.jp/content/20200625-mxt_syoto01-000003278_1.pdf)（2020年11月16日最終アクセス）

本書は、ドイツ語教育におけるこうした新しい動きに関して検討を加えるものである。池谷は、ICTを用いた多言語文化比較プロジェクトの実践活動を報告する。異なる大学のドイツ語、韓国語、中国語の履修者クラスを対象とした言語横断的プロジェクト授業であり、異文化間能力の育成も視野に入れたものである。学習者へのインタビューを通して、気づきや多言語文化比較の可能性について論じる。

　田原からは、オンライン授業におけるアクティブ・ラーニングに関する報告である。2020年度は新型コロナウィルスCOVID-19の影響で、春学期をすべてオンライン授業とする大学が多数あった。外国語の授業において対面を前提としない授業は経験のない事態であり、教員にとってもチャレンジであったことは間違いない。コロナ禍と呼ばれる緊急事態のなか、オンライン授業でアクティブ・ラーニングを実践した記録とその気づきをまとめた。

　最後は、気づきを促す仕組みと実践上の課題に関する考察である。アクティブ・ラーニングが注目を集めるにつれ、実践報告の蓄積が充実してきているが、他方で課題も決して少なくない。その一つに実践報告の形式が多様であることから、当該授業の実践者以外はその授業を模倣することが難しいという点がある。これについて詳細に議論している。

　なお、本書の基になっているのは、2016年度から2020年度にかけて交付を受けた科学研究費補助金（研究課題番号17K03032、研究課題：ドイツ語で「気づく」―自律学習を促進するプロジェクト授業の開発、代表：齊藤公輔）を受けて行われた研究と実践である。

2021年1月　齊藤公輔

ICTを使った多言語文化比較プロジェクトにおける、学習者の気づきについて

池谷　尚美

はじめに

　ヨーロッパ言語共通参照枠（以下CEFR）第 1 章で、異文化を意識した教授法の中心的目標は、「学習者が言語と文化に見られる異質性を経験することによってその人格全体を豊かにし、アイデンティティー感覚が好ましい方向に発展するよう手助けすることである」[1]と記述されている。

　グローバル時代に生きる学習者は、外国語学習の際に目標言語圏の異質な文化に触れるだけではなく、日本に居ながらにして、日常生活の場面でもさまざまな文化に触れる機会が生まれる。総務省の報告によれば、2015年末現在での在留外国人数は223万人を超え、在留外国人の多国籍化や、国際結婚や多様な文化背景を持つ日本人も増加している[2]。学習者はその学習言語を使って目標言語圏の社会に参加することだけではなく、生活の場である日本の中で、多様な背景を持つ人々と共に社会参加する重要性も増している。つまり、言語教育の枠内であっても、目標言語の文化を学ぶことだけではなく、そこから他の文化への関心を拡げたり、自文化を捉えなおしたりしながら周囲の人たちとさまざまな関係を構築していく力を身に着けることが求められている。CEFRの中で、言

---

[1]　『外国語教育Ⅱ　—外国語の学習、教授、評価のためのヨーロッパ共通参照枠—』吉島茂・大橋理枝（他）編訳，朝日出版社，2004年，P.1
[2]　総務省「多文化共生事例集　〜多文化共生推進プランから10年　共に拓く地域の未来〜」http://www.soumu.go.jp/main_content/000476646.pdf（アクセス日　2019年11月 1 日），P.2

語使用者である学習者は「社会的に行動する者・社会的存在（social agents)」[3]と規定されており、言語学習が言語知識だけではなく、異なる文化を持つ人々との関わり方へ影響を与えるものだと考えられている。そこには異なる文化に対しての向き合い方や自文化への内省も含まれている。

　筆者は横浜市立大学のドイツ語クラスにおいて、2013年度から武蔵大学の阪堂千津子氏（韓国語）・明治学院大学[4]の西香織氏（中国語）と連繫[5]し、共同でこのような異文化間での意識を高めることができるようなプロジェクト学習（以下プロジェクト）を実施[6]してきた。2018年度は、外国人が日本で抱く「違和感」を出発点に、日本と、中国語・韓国語・ドイツ語各文化圏の文化（習慣、価値観、社会システムなどを含む）の違いに焦点を当て、ICTを活用しながら異文化・自文化への「気づき」を促す仕組みを考えたプロジェクト[7]を行った。

　今までにも、多言語を扱う授業として、一つのクラスで複数言語を取

---

[3] CEFR. P.9
[4] 所属は本書執筆時点のものである。2018年当時の所属は北九州市立大学。
[5] 阪堂氏と西氏、そして筆者は国際文化フォーラムが発行する『外国語学習のめやす』（以下『めやす』）での研修を契機に知り合い、2013年度より共同で3言語クラス共同のプロジェクトを進めている。『めやす』はCEFRのような、外国語教育のスタンダーズの一つに数えられる。『めやす』の教育理念は「他者の発見　自己の発見　つながりの実現」とされており、積極的に教室外の他者と繋がり、総合的コミュニケーション能力を獲得することを目指しており、『めやす』では、その教育理念の実現のため、プロジェクトを推奨している。筆者を含む3人のプロジェクト実施メンバーは、この『めやす』研修に共に参加しており、個別言語の枠組みを超えて連繫できたのも、我々3人がこの『めやす』の考えかたを共有しているからである。
[6] この3言語共同プロジェクトは2013年度の「価格」、2014年度の「歌」、2015年度の「看板」、2017年度には「平昌オリンピック」をテーマに実施している。このうち、平昌オリンピックを取り上げた際の中国語クラスでの実践と、プロジェクトに参加した全学生を対象に行った、アクティブ・ラーニングに関する意識調査については、西（2018）により報告されている。また、めやすWeb（https://www.tjf.or.jp/meyasu/support/）で、2013年度から2017年度まで実施した、筆者ら3名による3言語共同プロジェクトのいくつかの単元案と3×3分析表（一部はルーブリックを含む）を公開している。
[7] 本論の実践報告の部分は、第17回外国語授業実践フォーラム（2019年3月2日）での口頭発表「『違和感』から始める多言語・多文化連繫プロジェクト ―多文化共生社会への参加に向けて―」（西香織・阪堂千津子・池谷尚美）を参照している。

り入れる授業[8]や、同じ大学の中で多文化のプロジェクトを進める実践[9]は既にいくつも報告されている。また、複数のクラスをICTで結び互いに教え合う授業実践も報告[10]されており、このプロジェクトもそのような交流学習の一環と位置付けることもできる。だがこのプロジェクトでは、異なる大学の複数の言語クラスをICTで連繋させ、共同で同じテーマのプロジェクトの成果を共有している。異なる言語の学習者が、お互いの母語を使った調査結果を共有するという点で、ユニークな試みであると言えよう。

　本章では、2018年度プロジェクトに参加したドイツ語履修者のインタビューを手掛かりに、本プロジェクトの効果検証と異文化間能力の育成を目指す外国語教育への示唆を得ることを目的としている。ドイツ語を履修している学生が、他言語学習者の調査結果をみてコメントを返すという活動を実施する中で、学習者の中に異文化や帰属文化への気づきがあったのかを検証していく。

　本章の構成は、はじめに異文化間能力とは何かということを概観する。次に、プロジェクトのドイツ語クラスでの実践報告を詳述する。その後ドイツ語クラスの学生へ行ったインタビュー結果を分析し、最後にインタビュー分析から浮かび上がった今後の課題について論じることとする。

---

[8] 例えば、奈良教育大学の吉村・南（2018）による報告。小学校の外国語授業で英語を用いて複数の英語以外の外国語も同時に扱う授業モデルを報告している。複言語主義に基づく言語意識教育については、大山（2016）で複言語主義による教授法が紹介されている。
[9] 例えば東京外国語大学の伊集院・岡（2019）の報告、また武蔵大学での『多言語多文化学習のすすめ』（西村淳子監修, 2008）にあるような、大学内で複数の言語を学ばせる取り組みが挙げられる。
[10] 例えば、澤邉（2019）では、韓国の日本語学習者と日本の日本語教員養成課程の学生を繋げる交流学習プロジェクトが紹介されている。

1．異文化間能力とは何か

　この章では、異文化間能力とは何か、外国語教育と異文化間教育とがどのような関係にあるのかを振り返っておく。

　異文化間教育自体はアメリカを発祥とし、1980年代から学問分野として確立してきた。言語教育分野と結びつけられるようになったのは1990年代に入ってからのことである。CEFRの中で提唱された社会文化能力の評価について研究した論文の中で「相互文化的話者（intercultural speaker）」[11]という言葉が生まれたと言われている[12]。

　外国語教育における異文化間教育の重要性は、CEFRでも表れている。CEFRの中心的な概念として行動中心主義と複言語主義はよく知られている。第4章の「言語使用と言語使用者／学習者」の導入部分では、「言語学習者は複言語使用者（plulingual）となり、異文化適応性（interculturarity）を伸ばす」[13]とある。さらに「複数の言語を知ることで、民族中心主義を克服しやすくなり、同時に学習能力も豊かになる」[14]ことが期待されている。ここで異文化に対する知識として、「客観的な知識のほかに、それぞれが相手の目にどう映っているか（それはしばしば、国に対するステレオタイプになることも多いが）を知ることも、異文化に対する意識の中に含まれる」[15]と言及されている。つまり、複数の外国語を学ぶことで、自分の帰属文化を捉えなおすことができる力や、異文化に対するステレオタイプに気づく可能性が指摘されている。西山

---

[11] "intercultural" の訳語については、「異文化間」とすることが一般的だが、細川英雄はこの語を「相互文化的」と訳すことが適切だという立場をとっている。マイケル・バイラム著　細川英雄監修　山田悦子・古村由美子訳『相互文化的能力を育む外国語教育　グローバル時代の市民性形成をめざして』，大修館書店，（2015）．ⅱ．（監修者前書き）

[12] バイラム（2015）．P.59

[13] CEFR. P.44

[14] CEFR. P.148

[15] CEFR. P.110

も指摘するように、CEFRで異文化性の学習は、新たな情報や知を学ぶことではなく、全人教育として位置付けられている[16]。

　異文化に対する意識を高めることの必要性が示唆されてはいるものの、具体的にその能力が当時のCEFRで十分に記述されたとは言い難い。CEFRで取り上げられているさまざまな能力がA１からC２までの能力記述文で詳述されているのに対し、異文化間に関わる能力については「その定義をほとんど保留」[17]するにとどまった。だが社会の多文化化やグローバル化が進むにつれ、異文化間能力の育成はグローバル教育の中で重要課題[18]になっている。

　異文化教育とは何かということについては様々な見解がある。例えば論文「異文化教育とは何か」の中でフランシス・カルトンは異文化間教育について以下のように述べている。

　　　異文化間教育では、学習者に、他者の表象および他者と接するとはどういうことかということについて考えさせる。そして、我々は誰もが、ややもすれば単純な思考に陥り、他人に対して偏見を持つことも意識させる。また、異文化間教育は、学習者がより客観的で、より他者を意識したものの見方をすることを目的としており、それによって学習者に、自分自身や自らの帰属先、価値観に対する内省を促している。[19]

---

[16] 西山教行「異文化間教育はどのように生まれたか」，西山教行，細川英雄，大木充編著『異文化間教育とは何か ─グローバル人材育成のために』くろしお出版，(2015)，P.67
[17] 姫田麻利子「間を見つける力 ─外国語教育と異文化間能力」，前掲書，P.119
[18] DeSeCoによって提唱されている「キー・コンピテンシー」では、異文化間能力に関係があるのはカテゴリー２「異質な集団で交流する」である。「多元的社会の多様性に対応する」ために必要とされる力として、異文化間能力も同様の特徴を持つと指摘されている。ドミニク・S・ライチェン，ローラ・H・サルガニク編著　立田慶裕監訳　今西幸蔵，岩崎久美子他訳『キー・コンピテンシー　国際標準の学力を目指して』，明石書店，(2006)，P.213
[19] フランシス・カルトン，堀晋也訳「異文化間教育とは何か」，西山教行，細川英雄，大木充編著『異文化間教育とは何か ─グローバル人材育成のために』，くろしお出版，(2015)，P.10

異文化間教育では異質な文化との接触により異質な文化を持つ他者との付き合い方を考えさせるだけでなく、学習者が帰属している文化の価値観を内省させることも含んでいることを特徴としている。カルトンによると異文化間教育の原則には「解釈の際の〈フィルター〉を意識する」、「異文化に対する発見」、「ステレオタイプに対する取り組み」、「他者の文化との協働－類似点と相似点を調べる」[20]などが挙げられる。つまり、言語学習等をきっかけに異質な文化に出会う際、学習言語の文化も帰属文化も様々な視点から眺め、そこから単純な一般化を避けて相対的な視点を得るということになるだろう。

　言語教育を相互文化的市民性教育に位置付けているバイラムによれば、相互文化的能力（intercultural competence）の構成要素として、「態度」「知識」「解釈と関連付けのスキル」「発見と相互交流のスキル」「クリティカルな文化知識／政治教育」の5点[21]を挙げている。先ほど挙げたカルトンが指摘している異文化間教育の特徴と比べ、他文化と自文化への価値観への内省や批判的思考を取り上げている点が異なり、具体的な異文化間能力の要素を分類している。

　2014年にヨーロッパ評議会は「教育を通じた異文化間能力の育成（Developing intercultural competence through education）[22]」を発行した。この中に「異文化間能力とは何か」という章があり、異文化間能力は以下のようにまとめられている。

---

[20] 前掲書，P.16-19
[21] この分類については、Kramschや姫田により批判もされている。以下の論文における訳者の注10を参照されたい。マイケル・バイラム，柳美佐訳「異文化間市民教育 —外国語教育の役割」，前掲書，P.166
[22] Martyn Barrett, Michael Byram et al. (2014) Developing intercultural competence through education. Council of Europe Pestalozzi Series, No. 3. (https://rm.coe.int/developing-intercultural-enfr/16808ce258)

異文化間能力とは、以下のことを可能にするような、態度、知識、理解、行動を通して応用されるスキルの組み合わせのことである。
―　自分とは異なる文化的背景を持つと思われる人々のことを理解し、尊重すること。
―　そのような人々と交流し、コミュニケートするときに、適切で、効果的に、そして尊重しながら応対すること
―　そのような人々と、ポジティブで建設的な関係性を築くこと
―　文化的「差異」と出会うことを通じて、自分自身の属性、そして自分が持つ多様な文化的属性を理解すること[23]

　上記の引用によれば、異文化間能力とは、知識やスキルだけではなく、態度や行動を伴うさまざまな能力の複合体であるとみなされている。このような複合的な能力を身に着けることは、ある知識や方法のように、学習者に教えることはできない。学習者は主体的にそのような他者との関係性や自らの文化に主体的に**気づく**必要があり、自らそれを身に着けていくものだからである。そうなれば、言語教育とは、細川が主張するように、言語を教えることを目的化しない、言語による活動の場を保障し形成する教育[24]と捉えることも可能になる。
　この「言葉による活動の場を保障」する場としては、複合的なタスクが組み合わせられているプロジェクト学習が最も適していると考えられる。そこで、次章ではプロジェクト学習の授業計画やその具体的な活動について詳述していく。

---

[23] Developing intercultural competence through education. P.16-17. この部分は拙訳だが、訳出にあたっては大木の訳を参考にした。大木充「異文化間教育とグローバル教育」, 西山教行, 大木充編著『グローバル化のなかの異文化間教育』, 明石書店，(2019), P.33-34
[24] 細川英雄「日本社会と異文化間教育のあるべき姿」, 前掲書, P.67

2．プロジェクトの実践報告

2.1　プロジェクトの概要

　このプロジェクトは『ココが気になるNIPPON』と題して実施された。プロジェクト全体の枠組みは３言語クラス共通で実施しているが、実施している大学、専攻・非専攻の違い、学習者数の違い、プロジェクトに充てられる時間の違い等があるため、以下に記す授業概要は基本的にドイツ語クラスでの場合について該当するものであり、韓国語・中国語クラスの場合には必ずしも当てはまらないことを前提とする。

　実施時期は2018年10月から2019年１月であり、ドイツ語クラスの受講生は３名であった。３言語クラスの交流については、クラウド上でのグループウェア（サイボウズLive[25]、以下サイボウズ）を利用した。横浜市立大学の学生は週に３回ドイツ語の授業があり、週に２回はネイティブ教員、週１回を日本人教員（該当クラスでは筆者）が担当している。テキストは "Schritte international"（Hueber Verlag）というドイツで出版された教科書を採用しており、プロジェクトを実施したクラスは、Schritte international の２〜３を使用していた。対応する言語レベルは、Ａ１／２からＡ２／１レベルである。プロジェクトは筆者が担当している授業内だけで行い、ネイティブ教員が担当している時間内では実施しなかった。筆者が担当する毎週90分授業のうちの約30分の時間、７回程度をその作業に充てた。およそ４か月に及ぶプロジェクトの実施期間はおよそ２段階に分けられる。一次調査の段階（2018年10月〜12月初旬）と、二次調査と成果共有の段階（2018年12月〜2019年１月）である。一次調

---

[25] 株式会社サイボウズが提供していた無料グループウェア「サイボウズLive」を利用していたが、2019年４月15日にサービス終了となった。詳細は以下のサイトで見ることができる。株式会社サイボウズ　旧製品・サービス「サイボウズLive」https://cybozu.co.jp/products/old-products/cybozulive/（アクセス日2019年11月２日）

査ではインターネットや書籍文献から日独の比較を行った後、ドイツ語圏からの留学生に聞き取り調査を行い、その結果をサイボウズ上で報告した。二次調査では、一次調査での結果を基に自分でさらに考察を深めて成果物（スライド）をサイボウズにアップした。そののち、お互いのクラスから提出された成果物を各自鑑賞し、その感想を含めたコメントをお互いにサイボウズに書き込んで互いの意見を交換した。

2.2　プロジェクトの手順

　以下に、このプロジェクトの手順を記した目標分解図を示す。

大目標	中目標	小目標	タスク
3言語圏の文化と日本の文化との比較を通じ、自文化、異文化への理解を促す	一次調査 目標言語圏と自文化の違いに気付く	ネットや文献を使い、日独文化の主な違いを把握できる（10月）	プロジェクト概要説明 サイボウズへ登録する ネットや書籍で日独文化の違いを調査
		留学生への聞き取り調査を通じ、ネットや文献での情報と実際を検証できる（11月〜12月）	留学生への質問を作る
			留学生に聞き取り調査
			聞き取り調査結果を分析・考察
			サイボウズに、聞き取り調査の結果を書き込む
	二次調査 目標言語圏と自文化の違いを深く理解できる	成果物作成を通じて日独文化の違いをより深く考察できる（12月）	改めてテーマを絞り込む
			テーマについて考察する
			成果物を作成する
	他のクラスの発表を基に、自文化と異文化の違いを比較・考察できる	3言語クラスの成果物を見て、文化の違いについて理解を深めることができる（1月）	成果物をサイボウズへアップ
			3クラスでの結果を比較する
			サイボウズ上でお互いにコメントし合う

2018年11月に留学生[26]を対象に実施した聞き取り調査[27]の際は、ドイツ語圏出身でドイツ語を母語話者とする横浜市立大学の交換留学生3名（出身はドイツとオーストリア）の協力を得た。ドイツ語学習者による聞き取り調査では、自分が二次調査で調査したいテーマに関し、外国人留学生が来日して感じる違いや違和感を浮き彫りにすることを主な目的としていたが、個人的興味から尋ねてみたい事柄に関して質問することも許可している。以下、ドイツ語学習者から留学生へ聞き取り調査の際に行った質問を挙げる。

ドイツ語学習者からドイツ語母語話者の留学生への聞き取り調査で行った質問

- 日本の方が、ドイツ・オーストリアより便利だと思うことは何ですか？
- 日本で何か不快なことを経験しましたか？
- ドイツ・オーストリア人と日本人との共通点は何ですか？
- 移民との仲はいいですか？
- 日本ではペットショップでペットを買うことが主流です。そのことについてどう思いますか？
- ドイツ人は勤勉だというイメージがありますが、自分ではどう思いますか？
- 日本では多くの人が特定の宗教を信じておらず、クリスマスを祝ったり、お正月には神社にお参りに行ったりします。それについてどう思いますか？

---

[26] 聞き取り調査に協力してくれた留学生に対しても、プロジェクト全体についての説明を施し、口頭発表や論文発表を前提とした調査であることを承知してもらっている。

[27] この調査は対面調査である。学内の教室で実施した。この聞き取り調査後、成果物作成に際して、学生が留学生に追加調査を行うことがあったが、それは対面ではなく個々の学生がLINEを使用して回答を得たものである。この際のLINEでの質問と回答もドイツ語で行われている。

・日本の女性は夏に日傘を使いますが、ドイツやオーストリアでも
そうですか？
・夏休みには何をして過ごしますか？
・友達と普段どんなことについて話しますか？
・日本では多くの学生が入試や良い成績のために塾に通いますが、
ドイツやオーストリアでもそうですか？
・ドイツやオーストリアでは、基礎学校を終える10歳ごろにギムナ
ジウム、実科学校、基幹学校など、将来に応じて進路を決定する
そうですが、その時期に自分の目指す道を決めるのは大変ではあ
りませんか？

　学習者は事前に上記の質問をドイツ語で書き[28]、筆者から留学生へ事
前に質問内容を伝えていた。留学生にはできるだけドイツ語で回答する
ように依頼したが、学習者に回答の内容が伝わっていない場合には、英
語や日本語を交えて回答や意見を述べることもあった。この聞き取り調
査は2時間にも及んだ。この聞き取り調査の体験は、ドイツ語学習者た
ちに大きなインパクトを与え、そのインタビューそのものが一つの文化
体験として学習者に強く印象付けられることになった。この聞き取り調
査に関する報告については、学習者が各自で自分の質問と、それに対す
る留学生の回答や意見をサイボウズにアップし、それについても韓国語・
中国語の学生からコメントが返ってきた。
　留学生への聞き取り調査を経て、ドイツ語学習者はそれぞれが①教育、
②マナー、③移民、を自分のテーマとして決め、各自が作成したスライ
ドを2019年1月に授業内で鑑賞し、その後サイボウズにアップした。そ

---

[28] 学生のドイツ語作文については、筆者が添削し、横浜市立大学でドイツ語の同じ科目を担当し
ているネイティブ教員の助力を得た。

の後、サイボウズ上では他の言語クラスの成果物もアップされ、それを各自が鑑賞し、他クラスの学生へお互いにコメントを返す活動を行った。そのようなやり取りを経て、2019年1月末に、本プロジェクトは終了した。

3．プロジェクトでの学生の意識の変化や気づき—学生へのインタビューを手掛かりに—

3.1　インタビューの概要

　2019年1月末から2月にかけて、プロジェクトに参加したドイツ語学習者3名に対し、大学で個別にインタビュー[29]を行った。目的は、学習者がプロジェクトをどう受け止め、異文化・帰属文化それぞれでどのような気づきを得たのか、その意識の変化を探るためである。

　実施したのはそれぞれ約30分の半構造化インタビューである。インタビューに際しては、被験者となる学生それぞれに対して研究趣旨と守秘義務について説明を行い、インタビューの録音許可と録音内容を研究に使用することの許可を書面で得た。また、文字起こししたデータは各学生それぞれに送り、発言内容を確認・修正してもらったうえで、分析データとしての使用許可も得ている。

　以下にプロジェクトに参加した学生を学習者A、B、Cと表記し、それぞれのドイツ語学習歴や背景、調査したテーマ等の情報を記す。

学習者A：高校1年生からドイツ語学習を始め、高校1年生から2年生になる春休みにドイツに2週間滞在した経験がある。本プロジェクトの際、ドイツ語学習は2セメスター目。「教育」をテーマに調査を行った。

---

[29] 同時期に、プロジェクトに参加した3クラスの全学生に対し、別途アンケートを実施しているが、本論ではそのアンケートには触れない。

学習者B：小学4年生から中学3年生になるまで家族でドイツに滞在していた。ドイツでは日本人学校に通っており、学校でドイツ語の授業を受けていた。帰国後は、ドイツ語学習の機会はなかったが、大学に入学後ドイツ語学習を再開した。本プロジェクト実施時には、ドイツ語学習は2セメスター目である。「マナー」をテーマに調査を行った。

学習者C：高校2年生からドイツ語学習を始めた。高校在学時に1週間ドイツに滞在した経験がある。本プロジェクトを行った時、ドイツ語学習は2セメスター目で、「移民」をテーマに調査を行った。Cは高校でも「移民」というテーマについて調査した経験がある。

　この年度のドイツ語学習者に関して言えば、大学入学以前にドイツ語学習を開始していたことと、3人ともドイツに長期または短期の滞在経験を大学入学以前で有していたことは、筆者の経験では滅多にあることではない。プロジェクトを開始した時から、自身のドイツ滞在経験に基づいた日独文化の相違点に関する知識や視点を学習者が既に持っていたことは、プロジェクト作業をスムーズに進める上で有利に働いたと考えることができる。

　インタビューの際には、学習者に以下のような質問をした。

ドイツ語学習者へのインタビューで行った質問

- 3言語でのプロジェクトのことを聞いた時、どう思いましたか？
- ネット上で、知らない人と繋がることに対してはどう思いました
 か？
- コメントが来たとき、どう思いましたか？
- 一番大変だったことは何ですか？楽しかったことは？

- どんな支援があれば、もっとプロジェクトが良くなると思いますか？
- プロジェクトを通じて、ドイツ語以外の文化についての興味が湧きましたか？
- プロジェクトを通じて、ドイツ語以外の言語についての興味が湧きましたか？
- プロジェクト調査の過程で、○○人ってこうだ、と思っていたことと違った、ということはありましたか？
- 違う文化背景を持った人との付き合い方が変わりそうですか？
- プロジェクトを通じて、今一番印象に残っていることは何ですか？それはなぜですか？
- 今回、自分にとって一番の「学び」は何だと思いますか？
- プロジェクトを通じて、自分の考え方や物の見方に変化があったと思いますか？もしあれば、それはどのような点ですか？

　以下では、学習者が感じた気づきについて、主に次の2点に着目して学習者の語りを分析していく。

(1)　学習者は、このプロジェクト（複数言語文化を扱う）を通じて、どのような気づきを得たのか？目標言語圏以外の文化に興味が湧いたのか？［複数文化についての学びに関する興味、関心の在り方］

(2)　学習者は、このプロジェクトを通じて、帰属文化の思考様式への内省や、ステレオタイプ的な物の見方に変化があったと考えているのか？［物の見方の変化］

　上記2点の観点に留意しながら、学習者の重要な発言を抜粋し、その

語りから導き出される結果について考察していく。ここに抜粋する学生の発言は、文脈を損なわない程度に編集上必要な発言の削除などを一部加えているが、できるだけ最小限にとどめた。なお、インタビューの引用以外の箇所で「」で括ったものは、引用箇所、または引用箇所以外からの学習者の発言内容である。

3.2　学習者Aのインタビュー

　学習者Aは、このプロジェクトがきっかけで「自分が普段だったら知らなかった事」を学習したことや、自分が調査した結果が、他の言語学習者と「みんなで意見交流」する形で共有されていくことに肯定的な評価を下している。そのように相互交流が進む中で「他の言語のところだったらどうなのだろう」と、他の文化圏での事例について情報を得ていき、徐々に他の文化への関心も深まったという。学習者Aは、他大学の知らない学生と交流することについて、初めのうちは「不安みたいなものはありました」と回顧している。それでもコメント欄でも中国や韓国だったらどうか、という質問を書き込むことがあり、それに対して他クラスのメンバーから回答を得ることがあった。そのような交流が進むと、その不安は徐々に払拭されたようである。学習者Aがむしろ議論を活発にするきっかけを作ることもあり、サイボウズのコミュニティへ貢献した側面もある。他言語学習者と適切な関係を構築していくことを通じて、ドイツ語以外の文化への興味も増していった様子を以下の引用からも読みとることができる。

> 筆者：Aさんにとって、一番楽しかったこと、何か挙げるとしたらどんなことですか？
> A：そうですね。スライド上げた後に、みんなで意見交流って言うか、中国ではこうだったんだよとか韓国ではこうだよとか、みんな

返してくれるじゃないですか。自分もドイツで知っていることを返すのは面白かったですね。自分の知りたかったことが返ってくるし、自分の知識を共有できる、自分の知っている範囲で、みんなが知りたいであろう事を提供できるみたいなのは面白かったです。

（中略）

筆者：ドイツ語以外の文化についての興味は湧きましたか？

Ａ：湧きましたね。いろんな、自分が普段だったら知らなかった事っていうのがいろいろ分かるじゃないですか。この機会がなかったら、きっとドイツの文化を調べようとか、突然ならないと思うんですよ。ドイツ語を学んでいる中できっと分かることもいろいろあったと思うんですけど、かといって、じゃあドイツの教育についてすごく調べてみたいから、今日、家に帰ったら調べてみようかな、っていう風にはならないじゃないですか。結構日々いろいろやることもあるし。韓国とか中国とかに関して、韓国ではどうなのだろうとかいきなり思うこともないと思うんです。自分が調べる中で、もし他の言語のところだったらどうなのだろうとか思う中で、分かってくる事っていうのは色々あって面白かったです。

学習者Ａはプロジェクトの中で一番印象に残ったのは留学生への聞き取り調査であると語っている。留学生から直接自分が知りたい情報を得る機会は自分のドイツ語学習としても良い機会になったと振り返っている。もう一つ、母語話者と交流する機会が学習者たちに与えた影響は、母語話者像を一般化しないということの気づきである。学習者Ａの場合は、聞き取り調査の事前準備の段階で「ドイツ人は休暇に出かけることが好きな人が多い」という情報に触れていた。しかし、実際に聞き取り調査をしてみると、自分が抱いていたイメージと異なる母語話者の意見も聞かれた。そのような体験から、自分の中にある母語話者イメージの

一般化への気づきが生まれている。文献で見聞きした情報だけで完結せず、母語話者と直接交流できたことによる一つの成果であろう。

筆者：ドイツ人はこうだっていうのに対して、実はちょっと違う、必ずしもそうじゃないのだなっていう、そういうのは感じることはありますか？

Ａ：例えば休暇についての話を聞いた時に、調べた中とかだと、ドイツ人は休暇に出かけることが好きな人が多い、みたいなのが書いてあって。そうなのかと思っていたんですけれど、聞き取り調査してみたら、ビデオゲームとか、一日中ゲームしてたりみたいな人もいて。やっぱりステレオタイプじゃないですけど、そういうのを自分が持っていたことに気づく、みたいなのはあります。

目標言語圏以外の文化について知識を得ることは、学習者Ａにとって帰属文化の自明性を問い直すものになった。「別の文化に触れると、自分の文化が当たり前じゃない」と、帰属文化に対する内省が行われている。それと同時に、「勉強に対する姿勢の違い」など、異文化に対する理解も進んでいる。実際に異文化交流する段階では、固定観念にとらわれない姿勢で適切な関係を構築したいという意欲も見えている。

筆者：プロジェクトを通じて自分の考え方とか物の見方、そういったものに結構変化があったと思いますか？

Ａ：そうですね。別の文化に触れると、自分の文化が当たり前じゃないっていうことが分かって。やっぱり韓国の机の話聞いた時もそんなものがあるのかと思ったんですけど。やっぱりそれもきっと日本とか勉強に対する姿勢の違いというか、そういうのもきっと背景にあるんじゃないかなって思えるし。そういうのを見ると、向こう

の人と意思疎通が必ずしも完璧にできるわけじゃないと思うんです
けど、意思疎通っていうか、文化が理解し合えるっていうのも、な
かなかそう必ずしも完璧に相手の文化を理解して、というのができ
なくても、きっと何かその裏で、自分とは違う背景を持っているん
だなっていうことは分かった、ということはあります。

（中略）

筆者：ドイツの人とか、外国の違う背景を持った人との付き合い方
は変わりそうですか？

Ａ：やっぱり今までだとどうしても、この国の人ってこういうイ
メージ、っていうのを初めに持っているじゃないですか。でもそう
いうものをできるだけ自分の中で取って行きたい、っていうと変で
すけど、そういう事を心がけたいなっていうふうに思いました。

3.3 学習者Bのインタビュー

　学習者Bは全く知らない他大学の学生とネット上で交流することに対
して、はじめは戸惑いを覚えたようである。その理由は、その人の人柄
がなかなか分かりにくい、ということであった。しかし、自分が書き込
んだことに対して他大学の学生から応答やコメントが返ってくるように
なったことで、それを好意的に捉えるようになった。学習者Bは「不特
定多数の所に自分の意見を出した」ことで、それを見た相手から返事が
返ってくることを「ネットだからこその強み」と表現している。

　目標言語圏以外の文化について、学習者Bは「同じアジア系」である
中国・韓国と日本との差異をあまり意識していなかった。プロジェクト
を通じ、「韓国と中国と日本でもマナーと言うか人の考え方みたいなの
が意外に分かれる」ことへの驚きがきっかけとなって、異文化への興味
が喚起されたことが分かった。それは「今まで比べたことがない」から

こそ得られた気づきである。

　異文化に対する気づきや、帰属文化に対する内省に関しても、他大学の学生による成果物を通して学んでいる。学習者Bが挙げた事例は、電車で席を探している人がいる場合の中国の人の行動と、その行動の裏にある思考様式に関することである。その結果、日本人の方が席を譲るのではないかというイメージを自分が「勝手に」思っていたことが意識されている。他文化（中国）に対する理解と同時に、帰属文化に対する内省が起きていたことが、以下の引用に表れている。

筆者：3言語のスライドを見て、楽しい、面白いって思ったことはありますか？

Ｂ：私もマナーについて調べたんですけれど、韓国と中国と日本でもマナーと言うか人の考え方みたいなのが意外に分かれるんだなっていうのは、驚きました。例えば電車で人に席を譲る時に、結構日本人の方が席を譲ってそうみたいなイメージが勝手にあったんですけれど、中国の人の方が、それは当たり前として、困っている人がいたら普通に譲るっていうことができる分、日本よりも中国の人の方が、礼儀じゃないですけど、そういう所、困っている人がいたら助けるっていうところがちゃんとしているんだなっていうのはあったり。食文化だったりというのが結構いろいろそれぞれだったので。そういうところは違うのかと。結構差があって。私たち同じアジア系の人でもやっぱり分からないことが結構あるんだなっていうのが興味深いところだなと思いました。

筆者：さっき他の言語とやるということで、中国語と韓国語でドイツ語だけひとつ違うって思っていた、と言っていたんですけど、そういうのはやってみてどうですか？

Ｂ：どうしてもやっぱりちょっと離れてるかなっていう気は感覚的

にしてたんですけど。でもそれは今まで比べたことがない国だからこそ、比べてこういう違いがあるんだっていう風に出せたのかなと思います。

目標言語圏の文化や人々との交流に関しても、学習者Bに意識の変化が起きていることが分かる。以下の引用での例は、ドイツ人＝堅い、という先入観が、調査を通して変化したと語っている。また、異文化の背景を持つ人との交流については、一般化されたイメージを持ってその人と接するのではなく、その人が抱える文化的な複雑さに配慮しながら関係性を構築したいという希望を述べている。

筆者：例えばドイツ人はこうだ、というようなイメージとかに変化はありましたか？
B：他のヨーロッパの国の人と比べてもお堅いというか、しっかりしているみたいなイメージだったんですけど。調べてみて、もうちょっと柔らかい人たちでもあるのかなと思って。例えば、教えていただいたダンス教室の話とかで、ドイツでもそういうダンス文化みたいなのがあったりするんだとか。合理性みたいなものも重視しているけど、人情じゃないですけど、そういうのも自分が思っているよりもあって。確かに住んでいて優しい人たちだなっていうのは思っていたんですけど、ちゃんとしてるけど、だからといって冷たい人たちじゃない、というのは調べてみて思いました。
筆者：異なる文化の背景を持った人との付き合い方も、これから変わってきそうですか？
B：そうですね。何人っていう風な決め方をしない方がいいのかな、というのも思いました。インタビューしてみて、ドイツから来た子と、オーストリアから来た子と、アジア圏から移住してきた子とい

て。でもやっぱりみんな、ドイツ語圏の人たち、オーストリア人とドイツ人と、一応オーストリア人って言っていいのかなっていう風な感じだったので。外見だけで、どうしても見てしまいがちなんですけど。

3.4 学習者Cのインタビュー

　学習者Cは、他のクラスの報告のテーマ「キャッシュレス」が学習者C自身の興味関心と合致したことで、コメントも積極的に行っていた。対面で会うことのないネット上のメンバーとの交流は、学習者Cにとってはさほど抵抗のないものであり、そのスタンスは学習者AやBとおおいに異なる点で非常に興味深い。サイボウズの掲示板でもその積極性をいかんなく発揮した。

　他大学のクラスから送られてくる成果物は学習者Cにとって「新しい価値観」との出会いを意味し、それが他文化への興味を持つきっかけとなっている。他言語クラスから送られてくる成果物やコメントによって、「（日本人が）相手からどのように見られているのかっていう目線」を知る経験でもあった。学習者Bと同様、学習者Cにとっても、それは異文化理解の手助けになっただけではなく、帰属文化について省察の促しとしても機能している。

筆者：やってみた感想としてはどうですか？
Ｃ：そうですね。他の言語って韓国語と中国語だったじゃないですか。僕は全然韓国語とか中国語とか習ったこともないし、行ったこともないし、全然わからないことだらけだったんですね。でも他のスライドとかを見てたら、面白いなって思うことがいくつかあったし。キャッシュレスが進んでるよ、みたいな話だったりとか。中国

の人からすると日本人はすごい表面的な会話しかしないのはちょっと変だっていう印象を持たれてるっていうのが、新しい価値観って言うか、そういうのがあって、すごい興味が沸きましたね。

（中略）

筆者：このプロジェクトを通じて、ドイツ語圏以外の文化についての興味は持てるようになりましたか？

Ｃ：そうですね、前は全然分からなかったんですけど、こういう研究を通して、こういう風なことがあるんだとか、逆に中国チームの言語比較の例だったら、日本人の会話はこういう風に見られてるんだとか、そういう相手からどういう風に見られているのかっていう目線もよく分かったし。以前より興味は持てるようになったと思います。

今回のプロジェクトを通じて、学習者Ｃに考え方の変化や、異文化的背景を持つ人たちとの関係性構築に対しての考えを尋ねた。その結果、学習者Ｃは高校でもさまざまな留学生が身近にいたので、このプロジェクトの経験によって自分の考え方や異文化を背景に持つ人たちとの関係構築に対して、それほど変化はないと自己評価している。

ただ、今回のプロジェクトで何かの変化があったとすれば、高校の時にも「移民」というテーマに関心を持ち調査していく中で、今回は直接ドイツやオーストリアの学生達に聞き取りをし、「実際に現地の人の意見を聞いて」自分達がどう思っているかを直接に聞くことができたことを挙げた。以下の引用で、学習者Ｃは文献調査で得られた知識と、対面で直接交流との違いを表現している。

筆者：プロジェクトの感想を聞かせてもらっていいですか？

Ｃ：今回の研究テーマが高校で書いた論文と一緒で、でも何が違う

かっていうと、その時の論文は文献を見て自分で考えたことを書いただけだったんですね。でも今回は、ちゃんと留学生というか、その国の人と話すことによって、実際に現地の人の意見を聞いて、そこから考えることができたっていうのがあったので、そこはすごい大きな研究としては、研究と言うと大げさな言い方だけど、大きな一歩が前に踏めたのかなって思います。そうですね、やっぱり実際にその人に話を聞いてみないと分からないんだっていうのはあると思います。

「移民」というテーマに関わる文献調査で分かったことと、直接母語話者と交流する機会をもったことによる、経験の質に差があったことは上記から分かった。そのことをもっと引き出したいと考え、学習者Cにだけ、メールで追加インタビュー（2019年10月25日）を実施した。以下はその時の返答の一部[30]である。

日本も今や外国人人口が増えてきているとはいえ、未だ外国人、特に移民の方と交流する機会は少ないように思います。いざ当事者に直接会って、“移民”というトピックについて話すことが、相手にどのような思いをさせてしまうか等、あまり考えずに質問・議論したのですが、（幸い相手は移民について話すことに同意、賛成してくれたわけですが）場合によっては差別であるととらえられる可能性があることに初めて気づけたと思います。もともと私は移民についてあまりネガティブなイメージを持っていなかったので、このテーマでディスカッションすることに何とも思わなかったのですが、日本全体でみると外国人にあまりオープンでない人が一定数存

---

[30] このメールインタビューに関しても、学習者Cには論文で使用することの許可を得ている。

> 在するわけですし、もしかしたら自分の移民に対するイメージの在
> り方はマイノリティなのかもしれないと思えるきっかけになりまし
> た。

　2018年11月の聞き取り調査に協力してくれたドイツ語圏からの留学生
の中には、実際に移民のルーツを持つ留学生もいた。学習者Cは高校の
時にも「移民」というテーマで自分の研究を進めていたが、そういう背
景を持つ人と実際に交流する機会を、この時にはじめて持ったというこ
とになる。当事者にそのようなテーマを話題にすることについて、学習
者Cには葛藤もあった。しかし、当事者である留学生に、なぜ自分がそ
れに関心があるのかを説明し、相手を尊重しながら調査を進めることが
できた。そして、このテーマについて話題にすることが当事者にとって
「差別ととらえられる可能性」があることに気づくことになった。同時に、
帰属文化の中でも移民に対して抱いているイメージが多様であることに
も気づきを得たことになる。

4．学習者の「気づき」からの考察

　本章第2節ではプロジェクトの手順やその記録を中心に報告した。本
章第3節では、プロジェクトに参加した学習者のインタビューに基づい
て、学習者がプロジェクトで得た気づきを中心に述べてきた。この節で
は、今回のプロジェクトが異文化間教育のアプローチに近いものとなっ
ていること、そして今後の課題について述べる。

　本章第1節で紹介したカルトンによれば、異文化間教育の原則[31]は以

---

[31] フランシス・カルトン　堀晋也訳「異文化間教育とは何か」, 西山教行・細川英雄・大木充編著『異

下のようになっている。

　　1．学習者中心の教育と体験型アプローチ
　　2．解釈の際の「フィルター」を意識する
　　3．異文化に対する発見
　　4．ステレオタイプに対する取り組み
　　5．他者の文化との協働－類似点と相似点を調べる
　　6．学習教材の問題

　1．に関して言えば、このプロジェクトでは学習者が中心となり、成果物の作成やネット上での意見交換を進めている。ここではクラス内・外の学習者同士の協働作業が大きな役割を果たしていることは記してきた通りである。また、2．と3．については、異文化を観察する際に帰属文化という「フィルター」を通して物事を見ていることも学習者に意識されており、その中で異文化に対するさまざまな発見が行われていると言ってよい。

　4．のステレオタイプについて、カルトンは「ステレオタイプや偏見を取り除くのは現実的ではない。これはいずれも現実を把握する認知メカニズムだからである」[32]としたうえで、「媒介となるステレオタイプ化した考え方や、『我々』に当てはまることは『他者』にも当てはまるといった偏見を気づかせるもの」[33]だ、と言っている。確かに、ステレオタイプは、異質なものを理解するためにカテゴリー化や一般化をすることで物事をスムーズに理解することを可能にする。しかしそれを「思考の節約」として他者に当てはめて考えることについては意識的に問い直していく

　文化間教育とは何か —グローバル人材育成のために』，くろしお出版，（2015），P.15-21
[32] 前掲書，P.19
[33] 前掲書，P.19

必要がある。例えば学習者Ａがドイツ人は休暇中に出かけるのが好きだということを知識として得て、その後母語話者に休暇の過ごし方を聞いてみたら相反するイメージの返答が返ってきたこと、それにより自分の中で無意識のうちにそのステレオタイプを他者に当てはめていたことに気づいたことが該当するだろう。

　5．他者の文化との協働については、他言語学習者と交換した成果物を基にしたさまざまな比較や意見交換が当てはまる。具体例としては、学習者Ｂが挙げたような、電車で席を譲るかどうか、の行動と思考様式の比較が挙げられるだろう。ただ、6．の学習教材については、教材があるわけではないのでこのプロジェクトに当てはめて考えることはできない。敢えて考えるなら、プロジェクト全体のテーマ設定が適切に選択されているかどうかという点を考えることができる。今回は外国人が日本に来て感じる「違和感」を手掛かりに調査を進めた。どのようなテーマを設定するかということがその後の調査内容や意見交換の質を左右するといっても過言ではない。

　もちろん、この2018年度の特殊性ということは十分に考慮しなくてはならない。この2018年度の学習者の学習への積極性や異文化体験の豊富さはプロジェクトの成否を左右する重要な鍵であった。さらに、そのような学習者の要因のほかに、調査に協力してくれた留学生の存在やサイボウズ上で活発な意見交換をしてくれた他言語クラスの学生の存在にも恵まれたという側面は否定できない。

　それでも、自分とは異なる文化的背景を持つと思われる人々のことを理解し、尊重することや、そして文化的な差異と出会うことを通じて、自分が帰属している文化の自明性を問い直すような、異文化間能力を育成するために重要な気づきを得るための手立てとして、このプロジェクトの枠組みが効果的な役割を果たしていると言えるだろう。

　ここから、プロジェクトの内容をより良いものにするためには、以下

の2点が重要であると筆者は考えている。

①全体的な意見交換の活性化をはかること
②文化的事象への振り返りを充実させ、気づきの意識化を進めていく
　こと

　①と②は互いに関連している。ここで留意しなくてはならないのは、プロジェクト学習ではどうしても成果物の出来栄えに注意が向けられてしまいがちなことである。成果物を扱う授業ではビジュアルエイドを使うことで理解が容易になる反面、その裏にある文化的な背景や内容に関してなかなか意識を向けることができないということが起こりえる。しかし、目標言語圏について調査した結果を発信し、その内容を学習者間で共有することができれば、他文化や帰属文化の比較がそこで促される。コメントを返すという行為は、自分で気づいたことを文字化する作業であり、そのような記述を行っていくことで、最終的な振り返りの材料となるからである。

　以上で、2018年度に実施した、ICTを使った多言語文化比較プロジェクトにおける、学習者の気づきについて詳述してきた。情報技術が発達した、ポスト・グローバル化社会の時代に言語教育が今後どのような発展を見せるのかは未だ不明なままである。しかし、学習者がことばを使い、他者とより良い関係を構築し、さまざまな人との交流や協働を可能にすることための支援を言語教育が担うという方向性はこれからも継続していくに違いない。

参考文献

伊集院郁子／岡葉子：「『多文化間協働プロジェクト』実践報告」,『東京外国語大学　留学生日本語教育センター論集』No. 45, 東京外国語大学, 2019年, 283-297

大木充：「異文化間教育とグローバル教育」, 西山教行／大木充編著：『グローバル化の中の異文化間教育』, 明石書店, 2019年

大山万容：『言語への目覚め活動　複言語主義に基づく教授法』, くろしお出版, 2016年

カルトン, フランシス（堀晋也訳）：「異文化間教育とは何か」, 西山教行／細川英雄／大木充編：『異文化間教育とは何か ―グローバル人材育成のために』, くろしお出版, 2015年

『外国語学習のめやす ―高等学校の中国語と韓国語教育からの提言』、公益財団法人国際文化フォーラム, 2013年

澤邉裕子：「日本語教員養成における『めやす』」, 田原憲和編著：『他者とつながる外国語学習をめざして ―「外国語学習のめやす」の導入と活用』, 三修社, 2019年

西香織／李大年：「プロジェクト学習を通した学生のアクティブラーニングに対する意識調査分析」,『北九州市立大学外国語学部紀要』第147号, 北九州市立大学, 2018年

西香織／阪堂千津子／池谷尚美：「『違和感』から始める多言語・多文化連繋プロジェクト ―多文化共生社会への参加に向けて―」, 外国語授業実践フォーラム第17回会合　2019年3月2日（口頭発表）

西村淳子監修, 武蔵大学人文学部編『多言語多文化学習のすすめ』, 朝日出版社, 2008年

西山教行：「異文化間教育はどのように生まれたか」, 西山教行／細川英雄／大木充編：『異文化間教育とは何か ―グローバル人材育成のために』, くろしお出版, 2015年

バイラム, マイケル（細川英雄監修, 山田悦子／古村由美子訳）：『相互文化的能力を育む外国語教育　グローバル時代の市民性形成をめざして』, 大修館書店, 2015年

バイラム，マイケル（柳美佐訳）：「異文化間市民教育 —外国語教育の役割」，西山教行／細川英雄／大木充編：『異文化間教育とは何か —グローバル人材育成のために』，くろしお出版，2015年

姫田麻利子：「間を見つける力 —外国語教育と異文化間能力」，西山教行／細川英雄／大木充編：『異文化間教育とは何か —グローバル人材育成のために』，くろしお出版，2015年

細川英雄：「日本社会と異文化間教育のあるべき姿」，西山教行／大木充編著：『グローバル化のなかの異文化間教育』，明石書店，2019年

吉村雅仁／南美佐江：「多言語を扱う英語授業の試み：日本の中等教育における言語意識教育と期待される効果」，『奈良教育大学教職大学院研究紀要学校教育実践研究』第10巻，奈良教育大学大学院教育学研究科専門職課程教職開発専攻，2018年

吉島茂／大橋理枝他編訳：『外国語教育Ⅱ —外国語の学習、教授、評価のためのヨーロッパ共通参照枠—』，朝日出版社，2004年

ライチェン，ドミニク・S／サルガニク，ローラ・H編著（立田慶裕監訳，今西幸蔵／岩崎久美子他訳）：『キー・コンピテンシー　国際標準の学力を目指して』，明石書店，2006年

WEBページ

Martyn Barrett, Michael Byram et al.（2014）Developing intercultural competence through education. Council of Europe Pestalozzi Series, No. 3. (https://rm.coe.int/developing-intercultural-enfr/16808ce258)（アクセス日：2020年4月19日）

公益財団法人国際文化フォーラム「めやすWeb　3×3＋3」(https://www.tjf.or.jp/meyasu/support/)（アクセス日：2020年4月18日）

株式会社サイボウズ　旧製品・サービス　サイボウズLive（https://cybozu.co.jp/products/old-products/cybozulive/）（アクセス日：2019年11月2日）

総務省「多文化共生事例集　〜多文化共生推進プランから10年　共に拓く地域の未来〜」2017年（http://www.soumu.go.jp/main_content/000476646.pdf）（アクセス日：2019年11月1日）

オンラインでのグループワークによる学びと気づき

田原　憲和

はじめに

　2012年に文部科学省の中央教育審議会の答申にアクティブラーニングが登場して以来、高等教育のみならず、初等・中等教育の現場においてもアクティブラーニング型授業が広がりつつある。そもそもアクティブラーニングとは、従来の受動的な講義型授業ではなく、能動的な学習を意味する。溝上（2014）では、より具体的な定義が示されている。

　　一方向的な知識伝達型講義を聴くという（受動的）学習を乗り越える意味での、あらゆる能動的な学習のこと。能動的な学習には、書く・話す・発表するなどの活動への関与と、そこで生じる認知プロセスの外化を伴う。［溝上（2014）p.7］

　筆者はこれまでもアクティブラーニング型授業を実施してきた。学習者がそれぞれの認知プロセスを外化することにより、理解の程度や深まりが可視化される。確かに、講義型授業においても学習者にとっての学びと気づきは存在する。アクティブラーニングをすることで、必ずしも学びが深まったり、あるいはより多くの気づきが生じたりすることが保証されるわけではない。それでも、学習者が何を理解したか、何に気づいたのかということが可視化されることで、これらが学習者本人の内部に留められるのではなく、教員や他の学習者と共有することができる。それがとりわけ他の学習者にとっての新たな学び、気づきにつながる可能性もある。

　ここでは、グループワークを主体としたアクティブラーニング型授業をどのような目的で設定したか、突然のオンライン授業化に対応するためにどのような工夫をしたか、そして学習者の学びと気づきがどのような形で生じたかを報告し、考察する。

1．クラスの位置づけ

　本報告で取り上げるのは、筆者の勤務する大学における2年生以上対象のドイツ語クラスにおける実践である。まずはその位置づけを確認する。

　筆者の勤務する大学には、学部横断型の副専攻ドイツ語コミュニケーションコースが存在する。副専攻は2年次から開始で、学習者は1年次の11月頃に副専攻の受講申し込みをする。副専攻の受講は必須ではなく、関心のある学生のみがこれに登録する。そのため、学習意欲の高い学生が多い。

　わずかな例外を除き、ほとんどの学生は1年次に週3コマ（うち1コマはネイティブ教員が担当）のドイツ語授業を受講してきている。1年次に使用する教科書もほぼ統一されていることから、新たに学習を始めていく上での前提に大きな差はない。もちろん、授業外で自主学習を進めている学生や、あるいは1年次にドイツ語圏への短期留学を経験している学生もいることから、ドイツ語の理解度、習熟度には差があるが、少なくともここまでは学習しているという学習レベルの下限が分かり易いという点は、クラス運営に大きなメリットとなる。

　副専攻ドイツ語コミュニケーションコースを選択する学生はおおよそ60人程度である。上述のように副専攻は学部横断型であり、学生はクラス内にほとんど知り合いがいない状態からスタートする。新たに人間関係を構築していく上でも、2年次のクラスは大きな意味を持っている。

ここで報告するクラスは、２年次に開講している副専攻クラスの中でも最も基礎レベルに設定している。ドイツ語の文法を復習しつつ、CEFRにおけるA1レベルの語彙や表現を習得していくことが中心となる。副専攻選択者は副専攻の全ての授業に登録しなくてもよく、したがって基礎的なことがしっかり身についている学生は必ずしもこのクラスを選択する必要はない。それでも、不安感からか、ほぼ全ての副専攻選択者がこの授業を受講するという傾向にある。このクラスを設置している目的は、上述したような学習レベルの下限にいる学生、すなわち、１年次の授業で決められた学習のみをこなし、それ以上の授業外学習をしてこなかった学生を引き揚げ、副専攻選択者全体のレベルを底上げするためである。それでも、かなり積極的に学習をしてきた学生もクラス内に混じることから、習熟レベルの最低限の保証はあるものの、クラス全体としては習熟レベルに大きな差が生じる場合もある。

　これまで、この授業は講義型で行ってきた。文法解説と練習問題、単語テストなど、従来の講義型授業の典型的な形式である。これまでの受講生の満足度は取り立てて良いわけではないが、悪いわけでもないという、無難な授業運営を行ってきたといえる。しかしながら、練習問題と単語テスト、確認テスト等から、本当にどの程度まで理解が深まっているのか、学習者の気づきはあるのか、学習者の躓きポイントはどこにあるのかということを見出すことは困難である。

　こうした事情から、2020年度からはグループワークを中心に据え、学生の学び合いを促すような授業を行うことを企図した。それでも、クラス全体の目標は従来のままであるため、教科書や学習範囲を変更することはせず、授業の運営部分を講義型からグループワーク型へ切り替えることで、学習方法の根本的な転換を図った。

２．当初の想定による授業内での学び合いの設定

2.1　全体的な授業の運営計画

　既に述べたように、このクラスの目標は全体的な習熟レベルの底上げにあるが、開始時点から既にその目標値に近いところに位置する者も稀ではない。従来の講義型授業においては、そのような既に高いレベルにある学生を十分に満足させることは困難である。また、グループワークにおいても、ややもすると平均的なレベルの学生からこのような高いレベルにある学生が頼られ、作業の中心に置かれてしまう、あるいは自ら進んで作業を進めることで周囲の学生がフリーライダーとなってしまう可能性を排除できない。そうした状況においては、学習者相互の学び合いが生じにくい。

　そのため、本クラスでは以下のように授業の運営計画を立てた。

① Quizlet Live[1]による単語テスト
② 教科書の指定範囲について、３人グループによる検討
③ グループで検討したことの報告
④ パフォーマンス課題の準備
⑤ 文法解説をオンラインで視聴

　まず、授業の冒頭のQuizlet Liveによる単語テストはこれまでも行ってきた。Quizlet Liveの対抗戦では、それぞれのグループの順位はつかず、ただ優勝チームが決まるのみである。成績評価のための単語テストとしては不適であるが、ここではあくまでも覚えてきたことの確認とク

---

[1] 主に単語を学習するためのオンライン学習ツールであるQuizletの機能の１つ。あらかじめ設定した範囲で、単語テストのグループ対抗戦などができる。

ラスの雰囲気作りということを目的としていた。毎回異なるメンバーとグループになることから、多くのクラスメートと話すきっかけを作るということも目指していた。既に述べたように、このクラスは2年次とはいえ学部横断型であることから、当初の人間関係は希薄である。そうした雰囲気を長引かせることはクラス運営にも影響を及ぼすことから、このような形式の単語テストを行うようにしている。

2.2　ワークシートの活用

　2020年度に新たに取り組もうとした内容は上記の②③⑤である。指定教科書の中であらかじめ決められた範囲について、受講生が授業日までに問題を解き、巻末にある解答をチェックするということを前提とした。その後、3枚のワークシートに記入し、このワークシートをもとにグループで検討するという計画である。

　受講生は、学習した範囲で自分が分からなかった、あるいは難しいと思った文を2つピックアップし、ワークシートに記入する。しかし、ただ単に文を記入するだけでなく、自分がその文についてどこまで理解できているのか、何が理解できないのかを整理させる目的で、どのあたりが分からないのかも併せて記入する。加えて、その文について何が分かっているのか、どのように推測できるのかについても記入する。こうすることで、受講生本人がどこに躓いているのか、どこまで理解しているのか、どのような推測をしているのかといったプロセスを外化させることができる。ワークシートによって、グループのメンバーともそうした情報を共有することができる。

　また、ワークシートの3枚目に、受講生が完璧に理解できた、あるいは自信のある文を記入し、その内容を解説する。ワークシートの3枚目はグループワークで直接使用するものではない。主たる目的は、自分が完璧に理解できる文を解説することで自信をつけさせること、また、理

ワークシート①

■ ピックアップ文①【 納得できない ・ 理解できない ・ 難しいと思う 】

◉ ピックアップ文①のどのあたりが納得できない／理解できない／難しいと思いますか？

◉ ピックアップ文①で分かること、こうではないかと推測できることをまとめてください。小さなことでもいいので、必ず何か書いてください。

ワークシート③

■ ピックアップ文③【完璧に理解できる ・ 自信ある】

◉ ピックアップ文③で分かることをまとめてください。

図1　ワークシートの1ページ目と3ページ目

解をより確実に定着させることである。

2.3　グループワークのねらい

　このように、ワークシートをもとにしてグループで検討することで、記入者がどこに躓いているのか、どこまで理解できているのかなどを共有することができる。加えて、他のメンバーも同様の問題を抱えていた場合、同じ視線から悩みを共有することもできる。単に教員が提示した文についてグループで検討するという作業よりも、より深い学びにつながることが期待される。

　このクラスは習熟度にある程度の差が存在する。確かに、習熟度の高い学習者が低い学習者に対して一方的に教えるという形式であったとしても、学習者はそれぞれの学びを獲得することができる。しかし、それぞれが疑問点や考え方のプロセスを提示することで、自身とは異なる着眼点を知ることもある。また、グループで検討をすることで、仮に解決

に至らなくても、そうしたプロセスを経た上で教員から解説を受けることでより理解が深まることが考えられる。

こうしたグループワークで生じた疑問点、グループワークから得た知識や思考のプロセスをそれぞれのグループが全体に対して報告することで、この学びの輪をさらにクラス全体に広げることも計画していた。複数のグループが同じ疑問点について検討するという可能性も高いが、それでも、着眼点や解決に至るまでのプロセスが異なることが予測できる。他者がどのように考えることを知ることもまた学びの1つであることから、クラス全体が相互に学ぶという形式を目指していた。

2.4　文法解説のオンライン視聴のねらい

このクラスでは、当初から授業外で文法解説をオンラインで視聴するという計画を立てていた。1年次の学習の総復習をしつつ知識の定着を目指すことが授業の目的であることから、従来は基本的な文法事項も一斉授業にて復習をしていた。しかしながら、それが果たして効果的であるのか、疑問が残る。基本的な部分については教科書を読み返す方が短時間で効果的な学習ができる場合もある。

こうしたことから、このクラスにおいては全体に対する講義形式での解説をせず、それぞれの学習者が必要な部分だけ復習し、次の授業に臨めるよう、文法解説のオンライン化を図った。

3．オンラインになったことによる設定の変更点

3.1　授業全体の枠組みに関する変更点

2020年度春学期は新型コロナウイルス感染予防対策のため、全面的にオンライン授業をすることとなった。そのため、授業の枠組みそのものを変更せざるを得なかった。当初の計画との対応は以下のとおりである。

表1　当初計画と実際の授業計画の変更点

当初計画	変更点
Quizlet Liveによる単語テスト	単語テストはせず、事前学習範囲に単語学習を追加
提示された範囲について、3人グループによる検討	範囲を拡大（単語を追加）し、グループの人数を5人に変更
グループで検討したことの報告	グループでの意見交換をもとに自らが再検討して報告
パフォーマンス課題の準備	（削除）
文法解説をオンラインで視聴	ワークシートで挙げられた疑問点についての解説をオンラインで視聴

　単語テストについては、そもそも形成的評価のためという位置づけであり、成績の優劣をつけるためのものとしては捉えていなかった。そのため、本来はグループで単語の対抗戦をしながら確認する予定だった部分を、各自の事前学習に組み込むことで、一定の学習内容を確保することにした。指定教科書では、単語学習の部分においても大半が一連の会話や文章の中で語彙や表現を学んでいくという形式ということもあり、単純に単語を覚えるのではなく、ドイツ語の表現に触れながら関連語彙を習得していくことができる。事前学習の範囲が広がることで学習者の負担感が増加する可能性もあるが、パフォーマンス課題についての活動を削除することで全体のバランスを保った。

3.2　グループワークに関する変更点

　当初は3人を1グループとして行う予定だったグループワークは、大きな変更を余儀なくされた。オンラインでのグループワークの流れは以下のとおりである。

① 指定された箇所の学習（事前準備）
② ワークシートに記入し、学内LMS[2]から提出
③ グループのメンバーが提出したワークシートに目を通し、コメントを投稿
④ グループのメンバーからのコメントをもとに、自らの疑問点を再検討し、まとめる

　既に述べたように、事前学習に単語学習の部分も含めることになったため、毎回の授業準備のために事前に学習する範囲は当初の予定よりも増加している。また、オンライングループワークで使用したワークシートは、当初準備していたものをそのまま利用した（図1）。

　通常の対面授業であれば、持参したワークシートをもとにグループですぐに話し合いをすることが可能であるが、オンラインの場合はそれぞれが提出するのを待ってようやく内容を確認することができる。また、仮に自分が早期に提出したとしても、グループのメンバーからのコメントが得られない限り、自分が提示した疑問点についての再検討ができない。オンラインではどうしてもこのような時間差が生じることはやむを得ない。

　しかしながら、このような時間差がある意味では有利に働くこともある。対面もしくはオンラインであってもzoomなどのテレビ会議システムを用いてのグループワークであれば、リアルタイムで意見を出し合うか、せいぜい辞書や教科書で簡単に調べてみるぐらいのことしかできない。その場で何かについてじっくりと調べることは難しい。一方、オンラインでのこのようなグループワークであれば、教科書や参考書、WEBサイトなど参考になりそうなものをじっくりと調べて検討するこ

とができる。

　これは、自らが挙げた疑問点の再検討をする際にも同様のことが言える。メンバーから出された意見をそのまま採用するのではなく、それをもとに改めて検討する時間的余裕がある。

　このように、方法が大きく変更されたグループワークであるが、上述のようなメリット、デメリットが存在する。特に、グループワークがうまく展開するかどうかは良くも悪くもメンバー次第という部分が大きなデメリットであろう。対面やライブ中継によるグループワークと異なり、メンバーが目の前にいない。対面やライブ中継によるグループワークであれば、他のメンバーが消極的であったとしても、1人が積極的に話題提供をし、意見交換を促し、ワークを牽引することで、グループワークとしての体をなすことができる。しかしながら、LMS上でのグループワークの場合はそれができない。1人が積極的に意見を出したとしても、それに対する反応がない、あるいは反応が薄いと十分なグループワークにはならない恐れがつきまとう。

　このような懸念から、当初予定していた3人グループから5人グループへと変更した。5人のメンバー全員が積極的に動くと、それぞれに対するコメントや、自らに寄せられたコメントの検討など作業が多くなる。それでも、3人グループで沈滞して作業ができないグループが生じるリスクの方が高いと判断した[3]。

　また、授業を進めていく中で、グループワークのスケジュール管理が困難であるという意見が出されたため、それぞれの活動の時期を目安を示した。例えば、第5週目から第6週目にかけてのスケジュールは以下のとおりである。

---

[3] それでも、実際には1つのグループの活動が沈滞していた。ある意味では、5人で1グループにしたため、活動が沈滞したグループが1つに留まったと考えることもできるだろう。

表2　具体的な活動スケジュールの例

	第5回	第6回
6／5（金） 〜 6／8（月） 〜	課題提示 学習、ワークシートへの記入 ワークシート提出 他のメンバーのワークシート のチェック、コメント投稿	
6／12（金） 〜 6／15（月）	再検討まとめの提出、 まとめ動画の視聴	課題提示 学習、ワークシートへの記入 ワークシート提出

　表2で示されているように、一連の活動が1週間サイクルでは終了しない。そのため、常に前後の週の活動と重なっている状況である。グループワークに関しては、当初予定していた90分の授業内で完結するものが、活動が細切れになることでどうしても長引いてしまうことは避けられない。学習者の立場からすると、このように細切れで活動せざるを得なくなった点が最も大きな変更点であるといえよう。

3.3　動画視聴についての変更点

　上述のグループワークに関しては、自分が参加しているグループの活動の様子も見ることができた。他のグループのメンバーが提出したワークシートを確認したり、コメントで意見交換をしたりする様子を探ることができる。また、再検討まとめが投稿されると、教員がそれについての解説やコメントを残していた。ただし、これら一連の活動内容はわざわざ他人の提出画面に行かなければ確認できないため、実際にはそこまでチェックする学習者は少数であることが予測できた。そのため、当初は基本的な事項について解説する予定であった動画の内容を変更した。

動画では、グループワークで提示されたものの中からいくつか疑問点をピックアップし、それについて解説した。

　表２でも示しているように、解説動画については授業日の翌々週の月曜日に撮影し、アップロードしていた。それぞれのグループで活動をしている期間に解説動画をアップロードしてしまうと、そこで活動が終了してしまうことにもなりかねない。そのため、再検討まとめが投稿される目安である、授業日の翌々週の月曜日をアップロードの目処としていた。

　この動画についてはあくまでもまとめ解説であるため、次回以降の授業内容とは直接的には関連しない。そのため、視聴するように促しはするものの、強制力はあまりない。そういう意味では、動画の位置づけそのものも変更されたと言える。当初は授業を受けるための前提としての解説動画という位置づけであったが、より詳細な内容を知るための解説動画という位置づけになった。

４．オンライングループワークで生じた学びと気づき

4.1　オンライングループワークの実態

　既に述べたように、このクラスで行ったオンラインでのグループワークはライブのテレビ会議方式ではなく、学内LMS上でのコメント投稿による方式である。ワークシートの提出時期によってそれぞれのグループでのワーク開始が遅くなるし、そもそも積極的に参加しない学生も一定数存在する[4]。

---

[4] この方式でのグループワークは、それぞれの学生の貢献度を測るためには有効である。積極的に参加する学生と全く参加しようとしない学生の差が浮き彫りになる。対面方式でもワークへの貢献度は観察により一定程度までは測定可能であるが、教員は同時に複数のグループを十分に観察することができないため、全体像を正確に把握することは不可能である。

学内LMSでは、グループでのプロジェクトを行うための設定ができる。グループの共通の画面があり、その下の階層にそれぞれの学生の提出画面がある。グループでの共通の話題の場合はグループの共通画面で、提出されたワークシートに対するコメントはそれぞれの学生の提出画面で行った。理想としては、ある学生のワークシートで提示されたものについて、学生同士が複数回のやりとりをしながら解決に導いていく、というものであったが、実際にはそのようなケースはほとんどなかった。自分以外の4人のメンバーのワークシートを読み、検証し、コメントを残すというのは、積極的な学生ほど負担は大きくなる。この点に関しては検討の余地があろう[5]。

　以下では、問題を解決に導いたワーク、推測で繋いだワーク、解決に導けなかったワークの3つ例を挙げながら、学生の学びと気づきについて検証する。

4.2　グループで問題を解決に導いた例

　まずは、グループでのやりとりを通じ、問題が解決に導けた例（表3、表4）を挙げる。なお、引用中の学生の名前は全て仮名である。また、個人を特定する部分を除き、誤字・脱字やタイプミスなど、全てそのままの状態で引用しているが、引用文中で番号を振った下線部は筆者によるものである。

　ここでは、問題解決への道筋、学習状況の共有、学習者の気づきという3つのポイントが観察できる。

---

[5] また、複数の画面を遷移しながらコメントを残していくというのも負担になる可能性がある。グループでのやりとりをグループ共通の画面でまとめて行うようにすれば、負担感が軽減された可能性はあるが、話題が錯綜する恐れもある。1つの問題について集中的に考察するという面では、それぞれの画面でやりとりをする方が良いだろう。

　まず、立川君は(1)でMenschen jeden Altersでの語と語の結びつきについての仮説を示している。(2)でjeden Morgenやjeden Tagといった類似表現を例に挙げつつ、理解できる部分と理解できない部分の整理を行なっている。立川君にとっての理解できないポイントは、(3)で示されているようにどうしてAltersが複数形になっているか、という部分である。立川君の解決に向けての推測が(4)で示されている。ここでは、jeden Morgenやjeden Tagが例外的なのではないか、と考えている。しかしながら、jeden Morgenやjeden Tagはそれだけで「毎朝」「毎日」という単独の表現である一方、Menschen jeden Altersは後ろのjeden Altersから前のMenschenにかかっており、修飾関係にある。この関係

表3　立川君のワークシート（第1回グループワーク：一部抜粋）

ピックアップ文①	In Sportvereinen sieht man Menchen jeden Alters.[6]
わからない部分	この文では "あらゆる年齢の人々を" を "Menchen jeden Alters" と表している。しかし、(1)"あらゆる年齢" は "人々" にかかっているため "jeden" ではなく "jeder" を使わなければいけないでないかと考えました。また他の例文にある (2)"jeden Tag" や "jeden Morgen" は "Tag" と "Morgen" が男性名詞であるから "jeden" であるというのは理解できるが、(3)"jeden Alters" は "jeder" の後が複数形になっているのが理解できない。
わかるところ、推測	(4)"jeder" の後の "Alter" が複数形であるのは、"Tag" と "Mongen" などの時を表す言葉だけが例外的に単数になるのかもしれないと考えた。もしかしたら、"Menchen" が複数形だから "Alter" も複数形なのかもとも考えた。(5)しかし、"Alter" が2格ではなく3格になることは皆目見当つかないので、"Menchen jeden Alters" という熟語なのではないかと考えた。

---

[6]　正しくは、In Sportvereinen sieht man Menschen jeden Alters.である。立川君は一貫してMenschenをMenchenと誤記している。

表4　立川君のワークシートに対するやりとり

投稿者	コメント内容
星野さん	(6)男性形のjederの2格（jedes）は、かかる名詞に〜(e)sがついている場合、「jeden」となるそうです。だから、立川さんの考えたとおりこの文のjederは男性形であってますが、(7)Alterに複数形のsがついているため、上記のような理由からjedenとなっているようです！
武田君	(8)杉山さんの言うように、jederは「後続の名詞に〜(e)sが付く場合はjedenになる」と辞書にありました。ただこの場合、(9)jederは英語のeveryに相当する語で後ろに単数形が付くので、Altersは中性2格のAlterにsが付いたと考えました。
立川君から星野さんへ	(10)"男性形のjederの2格（jedes）は、かかる名詞に〜(e)sがついている場合、「jeden」となる"のことは全く知りませんでした。すごい納得です。ありがとうございます。
立川君から武田君へ	コメント読ませていただきました。"jeden"の活用のことは辞書に書いてあったんですね。(11)やっぱりドイツ語学習には辞書が必要なんだなと実感しました。
城山君	(12)僕の使っている辞書にも「後続の名詞に〜(e)sがつく場合、jedenとなる」と書いてありました。
立川君から城山君へ	(13)みなさん辞書を持っている方が多いんですね。辞書の重要性を痛感しました。
立川君（再検討）	この文では定冠詞類の活用が問題でした。(14)定冠詞類はかかる言葉に(e)sがついてると2格は-esではなく-enになることがわかりました。
教員より	ピックアップ文①はなかなかいいところに目をつけておられましたね。ぱっと見てそのままやり過ごしそうな部分をしっかりと目に止めてピックアップしていたところ、そしてそれについての他の皆さんのコメントも大変良かったと思います。星野さんや武田君が指摘されているように、In Sportvereinen sieht man Menschen jeden Alters.のjedenは2格です。定冠詞類のうち、dieserとjener以外、つまり、aller, mancher, solcher, jeder, welcherは男性・中性2格の前に来ると-enとなります。-(e)sが重なってしまうということが原因の一つと考えられます。この辺りまでは教科書でなかなか取り扱えない部分ですので、こういう部分に気づくことができて良かったと思います。

性については立川君も(1)で理解できていることがわかる。よって、これらの文構造が異なっているため、jeden Morgenやjeden TagとMenschen jeden Altersを比較して考えることには無理があるが、立川君の考えはjedenの後に置かれる語句が単数形か複数形かという問題に帰着している。それでも解決に至らないことから、最後は(5)のようにMenschen jeden Altersという熟語的表現であるのでは、という推測に落ち着いている。

　これに対し、星野さんが(6)でjedenという形になっている理由を示している。立川君が(1)で示しているように、定冠詞類の複数2格の語尾は-erとなることから、この場合にjederとなるという推測の方向性は正しい[7]。ただし、文法上、後ろにくる名詞の末尾に-(e)sが付加されている場合はjedesではなくjedenとなるというルールが示されている。しかしながら、星野さんも(6)では「男性形のjederの2格」という表現をしている一方で、(7)ではAlterに「複数形のs」がついているという表現をしている矛盾に気づいていない。

　次にコメントしている武田君は、(8)で杉山さんが指摘した部分に関して辞書で調べた上で同意しつつも、(9)でjederの後ろに置かれるのは単数形のみであるため、Altersは複数形ではなく中性2格ではないかとしている。武田君がこの規則を覚えていたのか、あるいは辞書を調べる中で気づいたのかは不明であるが、ここで正しい情報へと行きついている。こうして、立川君の疑問から星野さん、武田君を経由して問題が少しずつ解決していることがわかる。

　こうした学生間での学びに加え、最後に教員コメントとして、これらの情報を整理し、提示している。jederだけでなく、定冠詞類の多くに

---

[7] しかしながら、jederの後ろには複数形を置くことができないため、この推測そのものは誤りである。それでも、定冠詞類の格変化のルールに当てはめた場合、確かにこのような形になるという意味である。

ついて、後ろに来る名詞が単数形の男性名詞あるいは中性名詞の２格で語尾が-(e)sになる場合、定冠詞類の語尾が-esではなく-enとなるということは、通常の授業では軽く触れる程度、場合によっては全く触れないこともある細かな規則である。それでも、こうしたワークを通じて気づくことで、より学びが定着することが期待される。立川君の最後の再検討でのコメントでも、疑問提示の際には錯綜していた考えが整理され、(14)のようにまとめられている。

　また、この一連のやり取りの中で、立川君は辞書の重要性についても気づいている。(8)で武田君が、(12)で城山君が辞書で調べて確認したとコメントをしており、少なくともこの両者についてはワークの中で辞書を使用していることがわかる。立川君は(11)で辞書の必要性を実感し、(13)でみんなが辞書を使っていることに対して驚いている様子がわかる。近年では辞書の代わりにGoogle翻訳をはじめとするウェブ上の翻訳サービスを利用する学習者も少なくない。なお、第６回グループワークの立川君のワークシートで「辞書で調べたところ、Mietenは賃借人、借り手、などの意味しかみつけることができませんでした。」という記述が見られることから、これ以後、立川君も辞書を使用するようになったことがわかる。

4.3　グループで推測を繋いでいった例

　4.2で示したように、疑問点が文法に関することであれば、グループのメンバーがお互いの検討結果を持ち寄ることで解決に至るケースが多い。しかしながら、疑問点が語彙や表現の解釈に関することの場合、お互いに疑問点を確認するだけで解決に至らないケースもある。ここでは、お互いに推測しつつ解決に導くことができた例（表５、表６）を挙げる。

　ここでは、石澤さんが挙げた２つの語彙、表現の解釈に関して、グループのメンバーが知恵を出し合って正しい解釈を推測している。

　まず、ピックアップ文①に対して、(15)でWasserは湿度を示しているのではないかという推測を示しつつも、辞書で調べても解決に至らなかったという経緯を記述している。それでも、自身の推測が正しいのではないかということを(16)で示している。その一方で、湿度という別の単語があるだろうということで、この疑問点に対する同意を求めている様子がわかる。

　次に、ピックアップ文②については、und以降（und alles wird wieder grün）がわからないという単純な疑問を(18)で示し、(19)ではallesが直前のBlumenを指しているのではないかという推測と、それがgrünになることがわからないとしており、疑問点がより具体的になってきている。

表5　石澤さんのワークシート（第7回グループワーク）

ピックアップ文①	Das Wasser hat 23 Grad.
わからない部分	(15)湿度が23度という意味かなと思ったがWasserをひいてもそのような意味が出てこなかったので疑問に思った。
わかるところ、推測	(16)やっぱり湿度ではないかなと思いました。(17)でも湿度という意味の別の単語はありますよね。
ピックアップ文②	In meinem Garten gibt es dann due ersten Blumen und alles wird wieder grün.[8]
わからない部分	(18)undの後ろがよく訳せない。
わかるところ、推測	(19)allesはBlumenのことだと思ったのですがそれが緑になるとはどういうことかなと思いつまずきました。

---

[8]　正しくは、In meinem Garten gibt es dann die ersten Blumen und alles wird wieder grün.である。

表6　石澤さんのワークシートに対するやりとり

投稿者	コメント内容
立川君	ピックアップ文① (20)僕は水の温度が23度と解釈しました！ ピックアップ文② 直訳はすべて（の花は）また緑色のになる。だと思いますが、(21)この場合のgrunは花が咲く事を意味していて日本語風に直訳すると、もうすぐまた一面緑色になる、となるのではないでしょうか。普通に意訳すると、もうすぐまたすべての花が咲きます。となるのではないかと思います！
浦和さん	コメントが遅くなってしまいすみません。 (22)ピックアップ文①②について、私も立川君の解釈と同じように考えました。②の文について、(23)庭が青々として花が咲く様子をgrünの一語で表現されるというのは、読んでいて理解するのが難しいですよね…。
木村さん	はじめまして[9]、コメント失礼します。 (24)ピックアップ文①は直前に海で泳いだというような記述もありますし、他の方の言うように水の温度であっていると思います。ピックアップ文②も他の方と同じです。(25)試しにgrünに何か慣用句のような使い方があるのかなと少し調べてみたのですが、特になさそうなので青々としているみたいな解釈で捉えるのでいいと思います。
喜多さん	かなり遅いコメントになってしまい、申し訳ありません。 既に皆さんがコメントしていますが、(26)草木が芽吹くことを意味しているという意味で用いられているのではないかと思います。春に関する文なので、芽生えを指していると考えるのが自然でしょう。
石澤さん （再検討）	皆さんのコメントを読んで納得がいきました！(27)確かに水に関する温度は湿度以外に水温もありましたね。前の文を踏まえると水温ですね！(28)grunは芽吹きのようですね、春に木は緑になっても花はならないしどういうことだと思っていましたが、こういう表現なんですね。覚えておきます！
教員より	ピックアップ文①については、立川君が書いてくれているように水温のことを言っています。 ピックアップ文②についてもその解釈で合っています。具体的には芝生や生垣が緑になってきたということを言いたいのだろうと推測できます。

9　第7回からグループのメンバーを刷新した。そのため、このメンバーでの活動は今回が初めてとなる。

52

　ピックアップ文①については、立川君が(20)で自身の解釈を示している。(22)で浦和さんがこれに同意を示し、(24)で木村さんが直前の文と関連づけながら、確信に近い形で立川君が示した解釈が正しいだろうという意見を述べている。実際にこの文は立川君の(20)の解釈が正しい。ピックアップ文①については元来それほど難しいものではなく、石澤さんの思い込みが強かったのか、「水温」という考えが浮かんでいなかっただけのことだと推測できる。(27)で石澤さんが「水温」という考え方もあったということに気づき、(24)で木村さんが示した内容と照らし合わせながら納得するに至っている。

　ピックアップ文②については、とりわけgrünの解釈についてそれぞれの意見が出されている。まず、立川君が(21)でgrünは「花が咲く」という意味ではないかという推測を記述している。これに対し、浦和さんが(22)で同意しつつ、(23)で「庭が青々として花が咲く様子をgrünの一語で表現されるというのは、読んでいて理解するのが難しいですよね」と共感を求めている。ここで、立川君の「一面緑になる＝すべての花が咲く」という解釈から、「庭が青々として花が咲く様子」というより正解に近い解釈になってきている。次に木村さんが(25)で他の解釈の可能性を探った結果、ここはやはり「青々としている」という意味で立川君や浦和さんの解釈が正しいだろうという推測を示している。木村さんが意識したかどうかは不明だが、石澤さん、立川君、浦和さんの3人が念頭に置いていた「花が咲く」という部分が抜けている。確かにここではgrünと「花が咲く」は分けて考える必要があることから、正しい解釈へと少しずつ近づいていることがわかる。そして最後に喜多さんは(26)で「草木が芽吹くことを意味している」のではないかという解釈を示している。また、「春に関する文なので、芽生えを指していると考えるのが自然でしょう」という解釈の根拠も示している。これらを受け、石澤さんは(28)でこのgrünは芽吹きであろうという結論を示している。

実際にはピックアップ文②についてはもう少し踏み込んだ解釈が必要であるが、この段階の学習者にとっては十分なところにまで到達できている。通常の形態の授業においては、語彙や表現について、単に「これはこういう意味である」ということを示すだけのことも多い。しかしながら、こうして履歴を残しながらグループで考えていくことで、それぞれの学生がどのような解釈をしているのかということが教員にも可視化される。同時に、教員にとっても、学習者がどのような部分で躓くのかという気づきにもつながっている。また、他の学生のコメントや解釈方法を参考にすることで、さらに一歩進んだ解釈につながる可能性もあることが、これらの一連のやり取りから見てとることができる。対面での意見交換ではなく、腰を据えて他の学生の意見を吟味できることが、こうした学びの発展につながっているのだろう。

4.4　正答にたどり着かない例

　ワークシートで挙げられた疑問点については、ほぼすべての場合においてグループワークを通じて解決に導けているか、あるいは関連事項からの類推などからほぼ正答に近い解釈にまでたどり着けている。しかしながら、解決の糸口が見つからない、あるいは全く違った解釈をしようとしているケースもわずかに存在した。ここでは、グループワークでは解決に導けないだろうと判断して途中で教員からのコメントを入れた例（表7、表8）を挙げる。

表7　今井さんのワークシート（第10回グループワーク）

ピックアップ文①	Wie gefällt dir das Kleid? - Super, aber leider passt es mir nicht so gut. <u>Probier du doch mal!</u>[10] Nein, Rot steht mir nicht.
わからない部分	下線部の文は、どういう表現なのか？ (29)動詞が文頭＋語尾がないことから「命令形」だと思ったが、それだとduがなぜあるのかがわからない（duに対する命令では、主語が省かれるはず…） それと、なぜesという単語があるのか？おそらく「そのドレス」を指していると思われるが、それなら指示代名詞を用いてdasになると思った。
わかるところ、推測	(30)<u>mal, dochなどの副詞は、命令形と一緒に使われることがある。</u> mal…「〜してね！」というニュアンス（bitteよりカジュアル） doch…提案や強調になる (31)なので下線部の文の意味は、「（君に対して）試してみてね→試着してみてね！」みたいな感じになる？（命令文だと仮定したら）
ピックアップ文②	Kannst du mir deine Handynummer geben? Du, die habe ich nicht im Kopf.
わからない部分	(32)Duはどういう意味になるのか？ 普通に、「君」と訳して良いのか…？
わかるところ、推測	二番目の文のdieはHandynummerの指示代名詞 Kopf…男性名詞：頭、頭脳など (33)なので（Duを除いた）後半の文を直訳すると、「私はそれを頭の中に持っていない」となり、意訳して「私はそれは頭の中に入っていない→覚えてない」みたいな感じになるのかなと思った。

---

[10] この下線は今井さん本人によるものである。

表8　今井さんのワークシートに対するやりとり

投稿者	コメント内容
星野さん	・ピックアップ文① (34)probierはduのときの接続法第２式の形みたいです。(35)接続法第２式のdochは、どうか〜ならなあという訳になるみたいなので、「どうか一度試着してみませんか（してくれたらなあ）」のような感じにになるのかな？と思いました。あまり自信はないですが… ・ピックアップ文② (36)これ私もよくわからなかったです…感嘆詞的な感じなのかなあって考えました
今井さんから 星野さんへ	コメントありがとうございます！ (37)私も接続法第２式の外交話法的な表現かと思ったのですが、確か第２式は過去基本形がベースとなり、それプラス語尾が付くことになります。(38)なので今回だと、「probiert（過去形はさらにeが付くが、第２式で過去基本形が-eで終わってる場合は、語尾のeを省くため）+est＝probiertest」となると思ったので、選択肢から外したのですが…もう一度考えてみます！訳は大体そんな感じになりますよね！ ピックアップ文②の方ですが、(39)今までDuは文の主語として、文中に出てくる場合しか見たことがなかったので、今回のように「Du,……」という形だと、何か特別な意味があるのかなと思って取り上げたのですが、やっぱりよくわからないですよね…普通に、君と訳して良いような気がしてきました……
教員より	ピックアップ文①について Probier du doch mal!のduが入っているのが変ですよね。でもこれは単純な命令文です。命令文でも主語を強調する場合はduを省略しないのです。この会話文は、 Wie gefällt dir das Kleid? Super, aber leider passt es mir nicht so gut. Probier du doch mal! Nein, Rot steht mir nicht. このワンピースどう？ 最高にいいんだけど、サイズがちょっと合わないの。あなた試してみて！ いいわ。赤は私には似合わないわ。 こんな感じです。「あなた」が試してみて！ということで、強調していますね。 ピックアップ文②について

duは、「君」という意味もありますが、「ねぇ」「あぁ」みたいなあまり意味を持たず間投詞的に用いられることもあります。この場合は間投詞と考えればいいですね。

今井さん （再検討）	田原先生、解説ありがとうございます！ 解説も踏まえて、再検討したいと思います。 ・ピックアップ文① 今回の文は、duを強調してる・したいので、命令文だけどduが入っている。 (40)<u>（なので、duに対しての命令文は、必ず主語はいらない…と思っていたらダメ）</u> ・ピックアップ文② (41)<u>duは間投詞的な意味合いになる。なので、du＝君という固定概念？は捨てた方が良い。</u>

　今井さんはピックアップ文①でProbier du doch mal!という文を挙げ、これは命令形ではないかというところで疑問点を提示している。(29)では動詞Probierの語尾の形からこれを命令文だと判断したという理由を提示しつつも、命令文の基本的なルールとは逸脱する主語duの出現について疑問を投げかけている。次いで(30)では、dochやmalは命令文で使われることがあるという周辺的な情報を取り上げ、自らの仮説を裏付けようとしている。その結果、(31)ではその仮説に基づいた日本語訳を提示し、他のメンバーの意見を促している。

　これに対し、星野さんは(34)でこのProbierは接続法第2式だとしつつ[11]、(35)でdochと合わせて外交的接続法の用法なのではないかとしている。これを受け、今井さんは(37)で接続法の基本形を示しつつ、自分がそうではないと判断した理由を(38)で示している。(38)で動詞

---

[11] 実際には、probierenの接続法の基本形は、接続法第1式でprobiereとなり、接続法第2式ではprobierteとなる。主語のduに対応するように人称変化させると、接続法第1式ではprobierestと、接続法第2式ではprobiertestとなることから、この星野さんの情報は誤りである。

probierenの接続法の形を示していることで、(34)で自信がないと書いていた星野さんにとっての学びにもつながっている。

今井さんが提示した疑問点は、初級文法の教科書ではほとんど取り扱われておらず、これ以上の有益な情報やアイデアが出てこないだろうと判断し、議論の途中ではあったものの教員からコメントをしている。今井さんの最初の仮説の方向性が間違っていないことを示しつつ、どうしてここで主語のduが出現しているかについて、日本語訳を交えながら説明している。これを受け、今井さんが最後に再検討したものを(40)でまとめている。

また、ピックアップ文②として、やはりDuについて提示している。今井さんは(31)でこれを単に「君」と訳していいのかとしつつも、どうしてもうまく訳せないからか、(33)ではDuを除いた部分の日本語訳を示すにとどまっている。

これを受け、星野さんは(36)で自分もわからなかったことを述べつつも、感嘆詞的な用法なのではないか、というアイデアを出している。これを受けた今井さんも(39)で特別な意味があるかと思ったがやはりよくわからないという意見を出している。

このDuに関しては口語的であり、辞書や教科書で調べたところで正しい解釈へと辿り着くのは難しいと判断したため、これについてもやはり教員よりということでコメントをした。その結果、今井さんは(41)でduは「君」だけではないということを知ったことを示している。

ほとんどのケースにおいてはグループワークを通じて正しい解釈に近づいており、このように途中で教員からのコメントを挟んだのは極めて稀である。しかしながら、提示された疑問点が非常に細かな文法項目であったり、特殊な用法であったりした場合は、受講生の学習レベルを超えており、それ以上の活動は負担になる。こうしたケースにおいては、教員からの手助けをすることで、学習者の気づきと学びを確保すること

ができるだろう。

おわりに

　今回のオンラインでのグループワークにおいて、学習者の学びと気づきはおおよそ以下のようにまとめることができる。

① ワークシートで疑問点を文字化することで生じる学びや気づき
② 他者の疑問点について調べる中で生じる学びや気づき
③ 他者とのやり取りの中で生じる学びや気づき

　今回の観察で発見できた上記のような学びと気づきは、必ずしもオンラインだから生じたというものではない。対面でのグループワークであっても、同様の学びと気づきを得ることができるだろう。それでも、対面で行う場合と比較すると、学ぶ意欲が高ければ高いほど、より時間をかけてじっくりと検証した上で、他者の疑問点に対してコメントをすることができる。時間にとらわれないオンラインでのグループワークの方が、より深い学びにつながる可能性があると言えよう。
　一方で、オンラインでのグループワークでは学びや気づきの質や量の面で、学生の間に大きな格差が生じる。対面であれば、グループワークに積極的に参加しない学習者であっても、その場で展開されているワークの情報が視覚や聴覚を通じて入ってくる。オンラインでのグループワークであれば、自身のワークシートを提出するだけという学習者も散見された。他者の疑問点についてコメントを全くしていなかったり、あるいは、自身の疑問点について書き込まれたコメントをもとに再検討をしていなかったりするケースもあった。すなわち、疑問点をまとめたワークシートを提出するだけで、そこから先の気づきや学びが全く生じてい

ないと思われる学習者もいる。これはこのような形式のグループワーク
では避けられない点であろう。

　グループワークをオンラインで行うか対面で行うかで、学習者に生じ
うる学びや気づきそのものに大差はないにせよ、その質や量、あるいは
機会という面では異なる部分も多い。教員にはこのような相違点を認識
することはもちろんのこと、こうした問題を最小化するような方策を検
討し、実践していかねばならない。そのためには、教員間のより密な情
報共有が求められるだろう。

参考文献

溝上慎一：『アクティブラーニングと教授学習パラダイムの転換』，東信堂，
　　2014年

外国語教育における気づきの重要性と実践上の課題

1．改訂学習指導要領について

　我々が生きている現代社会は、そのほとんどの領域において、変化の速度がますます増している。科学技術の発展は社会のあり方を大きく変化させるだけでなく、その時代に生きる人々の学習に対する考え方なども変化させると言えよう。特に現代では、スマートフォンやタブレットのICTを抜きに外国語学習を考えることはできないと言っても過言ではない。さまざまな外国語学習アプリが無料で手に入り、スマートフォンを外国語で書かれた文章にかざせば瞬時に翻訳が得られる今、なぜ・どのように外国語を学ぶのかという外国語学習の意義が問われている。そしてこの問いは、学校の中の外国語教育にも否応なく向けられているのである。つまりICTを外国語教育に取り入れるか否かという問題ではなく、ICTの発展により一人で手軽に外国語を学習することが可能となり、またそもそも未知の外国語を覚える必要がなくなりつつある中で、学校の外国語教育にはどのような価値があるのかを批判的に自己省察することが求められる。

　これについて筆者は、学校の外国語教育の存在意義や必要性は近年むしろ高まりつつあると考えている。その理由のひとつとして、教育のあり方が見直されつつあることを挙げることができよう。文部科学省は平成29・30年に行われた学習指導要領の改訂に際し、「新しい時代を生きる子供たちに必要な力を三つの柱」として次の点をあげている。

61

学んだことを人生や社会に生かそうとする学びに向かう力、人間性
　　など
　　実際の社会や生活で生きて働く知識及び技能
　　未知の状況にも対応できる思考力、判断力、表現力など[1]

　この三つの柱を獲得する教育が、学校教育の主たる目的と見なされる
ことになったのである。この3点の涵養に資することが教育の重要な課
題であるが、外国語教育にはまさにその可能性が大いにあると言えよう。
というのも、この三つの柱を打ち立てた背景には、日本の厳しい将来予
測と、その時の社会の担い手への期待があるからである。

　　今の子供たちやこれから誕生する子供たちが、成人して社会で活躍
　　する頃には、我が国は厳しい挑戦の時代を迎えていると予想される。
　　生産年齢人口の減少、グローバル化の進展や絶え間ない技術革新等に
　　より、社会構造や雇用環境は大きく、また急速に変化しており、予測
　　が困難な時代となっている。また、急激な少子高齢化が進む中で成熟
　　社会を迎えた我が国にあっては、一人一人が持続可能な社会の担い手
　　として、その多様性を原動力とし、質的な豊かさを伴った個人と社会
　　の成長につながる新たな価値を生み出していくことが期待される。[2]

　社会構造の変化や多様性は、日本における外国人数の増加と無関係で
はない。2009年における在留外国人総数は212万5,571人であるが、2019
年には282万9,416人と過去10年のあいだに約70万人も増加している[3]。こ

1 平成29・30年改訂学習指導要領のくわしい内容（https://www.mext.go.jp/a_menu/shotou/
　new-cs/1383986.htm）（2020年5月27日最終アクセス）
2 「高等学校学習指導要領（平成30年告示）解説　外国語編　英語編」、1ページ。
3 国籍・地域別在留外国人数の推移（http://www.moj.go.jp/content/001308162.pdf）（2020年5
　月27日最終アクセス）

の数は島根県の人口を上回る規模であることを考えると[4]、我々はもはや外国人の存在を無視して物事を考えることはできない。「多様性」とは言語的文化的多様性であり、そしてそれに起因する価値観や考え方の多様化と理解すべきであろう。三つの柱はこうした時代を生きるために必要な力であるなら、外国語教育が果たす役割は非常に大きいと言える。

　改訂学習指導要領のもう一つ重要な点は、この三つの柱は学習者の人生を豊かにすることが目指されていることである。

　　　学びを人生に生かすために　同じ物事でも多様な捉え方をすることでこれまで気付かなかったことに、**気付く**　考えもしなかったことにまで、**考えが深まる**　そのことが、人生を**豊か**にします[5]。

　これは、教育の目的は時代が要求する資質や能力を身につけるものであると同時に、時代が下っても生涯にわたり能動的に学び続けることができるようにするものであることを明確にしたものである[6]。時代の変化が著しくその速度を速め続ける現代において、学校教育を離れたあとも常に学び続ける姿勢が個人としても社会としても不可欠であることは疑いない。どのような変化にも柔軟に対応し、自身と社会を豊かに保ち続けるために、学びを人生に生かすことが重要なのである。

---

[4]　しまね統計情報データベース（https://pref.shimane-toukei.jp/）によると2020年4月1日現在の推計人口は668,162人。（2020年5月27日最終アクセス）

[5]　「主体的・対話的で深い学びの視点からの授業改善」（https://www.mext.go.jp/a_menu/shotou/new-cs/__icsFiles/afieldfile/2020/01/28/20200128_mxt_kouhou02_01.pdf）（2020年5月30日最終アクセス）ただし、強調原文。

[6]　「高等学校学習指導要領（平成30年告示）解説　外国語編　英語編」, 3ページも参照

2．改訂学習指導要領のアクティブ・ラーニング

　こうした背景のもとに三つの柱の育成を掲げた改訂学習指導要領であるが、「アクティブ・ラーニング」という言葉が多用されている。アクティブ・ラーニングという術語自体は新しいものではなく、これまでも各々の教員が自発的に創意工夫しながら取り組まれてきたことは間違いない[7]。また、アクティブ・ラーニングという術語ではないものの、2000年の中央教育審議会答申「新しい時代における教養教育の在り方について」の中で、「問題解決的な学習や体験的な学習を積極的に取り入れ、自ら学ぶ意欲や主体的に学ぶ力、論理的思考力、表現力、問題解決能力などを育成する必要がある。」[8]と述べ、アクティブ・ラーニング型の学習を提言している。それゆえアクティブ・ラーニングは改訂学習指導要領で初めて取り上げられたわけではなく、長い年月をかけてその土壌が醸成されてきたものと言える。

　しかし今回の改訂指導要領で改めてアクティブ・ラーニングが着目されることとなった理由は、アクティブ・ラーニングを教育に組み込む目的を明確化したところにあると考えられる。つまり、なぜアクティブ・ラーニングを導入するかという問いに対し、国が改めてその基本的な姿

---

[7] 高等教育の文脈では、すでに1996年8月24日に京都大学で行われた特別講演の中でハーバード大学教授ジェイムズ・ウィルキンソンは、アメリカの大学ではアクティブ・ラーニングが取り入れられつつあるとしており、1999年には大山泰宏はアクティブ・ラーニングがアメリカなどで教育実践に応用されていることを報告している。（ウィルキンソン，ジェイムズ：「アメリカの諸大学におけるFD（大学教員研修）の動向」,『京都大学高等教育研究』No.3, 1997年, 161ページ参照。大山泰宏：「<記録>問題提起『相互行為分析の観点から』」,『京都大学高等教育研究』No.5, 1999年, 142ページ参照）約20年以上も前から実践例が日本に報告されはじめ、その後、2000年代中ごろには日本でも医歯薬学系および工学系の分野でアクティブ・ラーニングが広がりを見せていることが報告されている。（溝上慎一：「アクティブ・ラーニング導入の実践的課題」,『名古屋高等教育研究』No.7, 2007年, 272ページ参照）
[8] 中央教育審議会2000/12答申：https://www.mext.go.jp/b_menu/shingi/chuuou/toushin/001237.htm（2020年5月29日最終アクセス）

勢を示したのだと言える。文化的社会的な価値観が多様化する現代社会を生き抜く力を、アクティブ・ラーニングによって身につけようというのが基本的な趣旨であると捉えることができる。

　「主体的・対話的で深い学び」の実現に向けた授業改善（アクティブ・ラーニングの視点に立った授業改善）とは、我が国の優れた教育実践に見られる普遍的な視点を学習指導要領に明確な形で規定したものである[9]。

　ここでアクティブ・ラーニングの基本について押さえておきたい。2012年の中央教育審議会答申「新たな未来を築くための大学教育の質的転換に向けて〜生涯学び続け、主体的に考える力を育成する大学へ〜（答申）」の「用語集」中で、次のように定義されている。

　教員による一方向的な講義形式の教育とは異なり、学修者の能動的な学修への参加を取り入れた教授・学習法の総称。学修者が能動的に学修することによって、認知的、倫理的、社会的能力、教養、知識、経験を含めた汎用的能力の育成を図る。発見学習、問題解決学習、体験学習、調査学習等が含まれるが、教室内でのグループ・ディスカッション、ディベート、グループ・ワーク等も有効なアクティブ・ラーニングの方法である[10]。

　非常に広範な教授法・学習法が含まれることが明らかであるが、中央

---

[9] 「高等学校学習指導要領（平成30年告示）解説　外国語編　英語編」、4ページ。
[10] 中央教育審議会「新たな未来を築くための大学教育の質的転換に向けて〜生涯学び続け、主体的に考える力を育成する大学へ〜（答申）」用語集より（https://www.mext.go.jp/component/b_menu/shingi/toushin/__icsFiles/afieldfile/2012/10/04/1325048_3.pdf）（2020年5月29日　最終アクセス）

教育審議会に属する初等中等教育分科会教育課程部会が2015年に報告した論点整理の中では、アクティブ・ラーニングの特徴を次のようにまとめている。

（アクティブ・ラーニングの一般的特徴として挙げられる点）

(a) 学生は、授業を聴く以上の関りをしていること

(b) 情報の伝達より学生のスキル育成に重きが置かれていること

(c) 学生は高次の思考（分析、総合、評価）に関わっていること

(d) 学生は活動（例：読む、議論する、書く）に関与していること

(e) 学生が自分自身の態度や価値観を探求することに重きが置かれていること

(f) 認知プロセスの外化を伴うこと [11]

この6つの特徴と上述した用語集の定義を合わせて考えると、アクティブ・ラーニングとは次のようなものであると言えよう。すなわち、学習者が認知プロセスの外化と高次の思考を伴う何らかの(聴く以上の)活動に自ら関与することを通して、学習者のスキルの育成と態度・価値観の探求が促進される学びのプロセス、というものである。アクティブ・ラーニングの学習者は、単に能動的に学びに参加するだけでなくその過程を通じて能力が向上すると同時に、自身の態度・価値観を常に振り返ることが求められているのである。そしてこの学びは三つの柱を涵養すると同時に、ますます多様化する社会の中に生きる個人および社会の構成員として成長するためのプロセスと軌を一にするものであることが求められているのである。

---

[11] 教育課程企画特別部会　論点整理　補足資料（5）(https://www.mext.go.jp/component/b_menu/shingi/toushin/__icsFiles/afieldfile/2015/09/24/1361110_2_5.pdt) (2020年5月29日最終アクセス)

3．アクティブ・ラーニングにおける「気づき」と実践上の問題

　前々節で指摘したように、この改訂指導要領は学習者の将来を射程に入れたものである。つまり学校教育を終えた後も、生涯にわたり自身の人生と社会を豊かにするために学び続ける姿勢を保持し、その学びを生かすことができる力を保持し続けることができるようになることが、学校教育の目的でもあるとしている。

　このように生涯にわたり主体的な学習者となることを目指す教育の中で、とりわけ学習者が自ら気づくことが重要であることから、気づきを促すような授業を展開する「気づきを促す授業設計」が求められる。このとき、学習が終了した際に得られる結果からよりも、学習を進める過程の中で主体的自律的に気づきが得られる仕掛けを組み込むことが、アクティブ・ラーニング型授業を設計するための要訣である[12]。つまりこれからアクティブ・ラーニングが積極的に展開されることになるが、それは学習者が生涯に渡り自身と社会を豊かにするための力を、学習過程の中で気づくことによって自律的に獲得することを可能とする仕掛けをもった授業を設計することに他ならないのである。

　しかし、この条件を満たす授業を設計することは容易ではない。というのも、「各自に適した学習方策の発見などの自律的学習能力の獲得は『副次的』副産物」[13]だからである。学習者が学習過程のどの時点で何に気づくのかを事前にコントロールすることは不可能であり、プロジェクト授業の参加者全員が同じ気づきを共有するということは現実的ではない。齊藤（2016）は「学習者が副産物的に獲得することを期待する学習

---

[12] 齊藤公輔：「初修外国語におけるプロジェクト授業のありかた ―自律学習を中心に」，田原憲和，齊藤公輔，鈴木智，神谷健一著：『プロジェクト授業の設計と運営 ―ドイツ語教育の現場から』，大阪公立大学共同出版会，2016年，29-30ページ参照。
[13] 齊藤公輔，2016年，29ページ。

方策の『気付き』とは［中略］学習者が自身に自律能力がある（もしく
は育ってきている）と気付かせることに他ならない。」[14]と述べているが、
理想として追求するべき目的ではあるものの、これを実現させることは
困難と言える。また、仮に学習者の「気づき」をコントロールすること
が可能だとしても、それは「自律的」な学びとは言えず本来の趣旨から
大きく外れてしまう。気づきを促すアクティブ・ラーニング型授業の重
要性は論を待たないが、実際に学習者に気づかせることができるかどう
かまでは設計できないのである。

　確かに、アクティブ・ラーニング型授業が学習効果を高めるという報
告はある。杉山・辻（2014）や辻・杉山（2016）ではアクティブ・ラー
ニング型授業受講者は講義型授業受講者と比較して、自主学習の意欲が
高く、試験においても部分的に高い得点となることを示し、自学自習へ
の動機づけが維持される効果が期待されることを指摘している[15]。特に、
「知識獲得と知識運用の面における両クラスの差異や、ALクラスにおい
てグループワークに参加するために授業外学習が促進されるといった傾
向は、アクティブラーニングの対象や適用範囲を考慮する上で興味深い
結果である」[16]と述べているように、自主学習の時間が増えたり知識を応
用してよりよく問題解決を行ったりすることに効果がみられ、自律的な
学習とそれを通した判断力等の涵養に大きく貢献している可能性は否め
ない。しかし、アクティブ・ラーニング型授業の実践においてどの部分
がどのように作用したのかは明らかではない。そもそも学習時間や試験
得点という定量的に観察可能な比較であり、気づきを促す授業であった

[14] 齊藤公輔，2016年b，31ページ。
[15] 杉山成，辻義人：「アクティブラーニングの学習効果に関する検証：グループワーク中心クラ
スと講義中心クラスの比較による」，『小樽商科大学人文研究』No.127，2014年。辻義人，杉山
成：「同一科目を対象としたアクティブラーニング授業の効果検証」，『日本教育工学会論文誌』
No.40，2016年。
[16] 杉山成，辻義人，2014年，73ページ。

かという質的な問いに十分な回答をもたらすものではない。アクティブ・ラーニングを肯定的に評価する研究においても、その「副次的副産物」という性質ゆえに、質的な「気づきの促進」に関する授業設計の研究は進んでいないと言えるのではないだろうか。

　この領域の研究を今後拡大させていくためには、実践されたアクティブ・ラーニング型授業の事例を収集・分析することが不可欠である。自律的な学習の中で気づく仕掛けを持つ授業それ自体は、アクティブ・ラーニングという言葉が一般的になる以前から、教科や学問領域の別なく長年にわたり実践されてきたものである。そしてまた、改訂学習指導要領などをきっかけとしてさらに多くの授業の中で実践されているものである。これらの情報を収集することで、どのようなアクティブ・ラーニング型授業が実践され、その学習過程の中でどのような気づきがどの時点で得られたのかなどを分析することが可能となる。実践事例が蓄積されることによって、副次的副産物と見なされていた事柄の中に共通点を探す可能性が生まれるばかりでなく、豊富なリソースをモデルとするアクティブ・ラーニング型授業の設計が可能となり、その結果として授業設計に悩む教員の一助となることが期待できるのである。

4．アクティブ・ラーニング型授業の実践報告に関する現状

　アクティブ・ラーニングという言葉が1990年後半から2000年代にかけて日本に導入されはじめてから20年以上経過する中で、校種や教科を問わず実践事例の蓄積が進んでいる。筆者の専門領域であるドイツ語教育においても、アクティブ・ラーニングという言葉のかわりに自律的学習や学習プロセス重視の授業などの言葉が使われているものを含めると、1990年代後半にはすでに教員間の情報共有を目的とした勉強会が発足している。その一例として流通科学大学のドイツ語教授法ワークショップがあげられよう。流通科学大学のドイツ語教授法ワークショップは1998

年から開催されたが、その特徴に「学習者中心のコミュニカティヴな授業をめざすこと」および「外国語教育の理論と実践を研究対象とすること」と紹介されている[17]。つまりこのワークショップでは、アクティブ・ラーニングに関する授業実践が報告されていたことがわかる。事実このワークショップの研究成果を論文集としてまとめた『学習者中心の外国語教育を目指して 流通科学大学ドイツ語教授法ワークショップ論文集』には「学習者中心の外国語授業の実現をめざした独自のさまざまな試みを紹介」[18]する章があり、その中では現代のポートフォリオに通じる「授業の記録」を導入した授業などが記載されている。20年以上前からアクティブ・ラーニングに関する実践報告例が蓄積され続けており、教員はこのリソースを有効に活用することで直面している問題や課題を解決するヒントが得られるのではないだろうか。

　ところが、授業実践報告の事例を収集し、自身の授業に活かすための基盤は整理されているとは言い難い状況にある。というのも、現在のアクティブ・ラーニング型授業研究は研究者自身が教員として実践した授業について記録・分析するものが大半であり、他の教員が実践した授業を別の研究者が分析したものは非常に少ないからである。それゆえ、さまざまなアクティブ・ラーニング型授業の取組みを収集し、特定の基準にしたがって共通点や相違点、効果や問題点などを分析することは行われていないのである。前節で言及したように、アクティブ・ラーニング型授業の蓄積の分析を通して、気づきを得るための授業ポイントを明らかにしていきたい者にとって、この現状は大きな問題であると言わざる

---

[17] 板山眞由美，森田昌美編：『学習者中心の外国語教育を目指して 流通科学大学ドイツ語教授法ワークショップ論文集』，2004年，4ページ参照。なお、もう一つの特徴として「発表者からの一方的な語りかけではなく、参加者も対等な立場で積極的に意見を述べられる自由な雰囲気づくりを心がけること」とある。ワークショップが落ち着いた雰囲気の中で気軽に自由な討論を行うものであったことがわかる。
[18] 板山眞由美，森田昌美編，2004年，4ページ。

を得ない。

　この問題は以下の要因に起因するように思われる。第一に、アクティブ・ラーニング型授業の典型であるプロジェクト授業を例にとると、実際に実施する際には時間数やクラス人数、学習者の習熟度や興味関心、シラバスとの位置づけやペア教員の有無など、実にさまざまな要因から影響を受けるため、後日まったく同じ授業を他教室で再現することはほぼ不可能なことである。加えて、学習者同士の関係性も授業の成果を左右するであろう。それゆえ、他の教員が行った授業の検証を行おうにも、その授業を正確に追体験することはできないのである。

　第二に、プロジェクト型授業を分析することを目的とした記録方法が確立されていないことである。第一の点から他の教員が実施した授業を分析する場合、授業データの収集をその教員による実践報告などに頼るほかないが、プロジェクト型授業の事後分析を前提とした記録方法が確立されていないため、現実には他の教員が実践した授業データを比較分析することは非常に難しいのである。齊藤（2019）では28件のプロジェクト型外国語授業を横断的に分析しているが、実施時間数や能力記述文（学習目標）の数などプロジェクト型授業の枠組みに関する調査が中心であり、授業内容や気づきの仕組みに関する検討は行われていない[19]。気づきに関する調査をすることも期待されたが、上述した通り統一的なフォーマットに記録されていなかったため、実現しなかったのである。

---

[19] 齊藤公輔：「『めやす』×CEFRの試み　『めやす』とCEFRを活かす授業案」，田原憲和編著：『他者とつながる外国語学習をめざして　「外国語学習のめやす」の導入と活用』，三修社，2019年。

表1　めやすWeb授業案分析[20]

授業案	時間数	到達目標数	授業回数	備考
1	9＋a	3	12	
2	6＋a	4	7	
3	6＋a	8	9	
4	6＋a	4	6	
5	30	27	7	
6	7.5	13		
7	22.5	17	15	90分×15回
8	27	8	18	90分×18回
9	46	18	23	120分×23回
10	15	5	20	45分×20回
11	22.5	5	15	90分×15回
12	4.5	3	3	90分×3回
13	9＋a	9	10	
14	6＋a	9	9	
15	2＋a	4	9	
16	12	12	8	90分×8回
17	9	8	6	90分×6回
18	5.8	2	7	50分×7回
19		8	4	4回授業（分不明）
20	22.5	4	15	90分×15回
21		3	6	6回授業（分不明）
22	7.5	12	5	90分×5回
23	10	9	3	3.5h×2、3h×1
24	9	6	6	90分×6回
25		5		1セメスター
26	6	7	9	40分×9回
27	6.75	13	9＋a	45分×9回
28	10	11	12	50分×12回

---

[20] 齊藤公輔，2019年，55ページ。

　上記について、齊藤（2019）の調査の詳細を確認していきたい。表1は、齊藤（2019）に掲載されている授業分析に関するものである。『外国語学習のめやす』に沿って実践された授業案について、①プロジェクト授業全体に費やした時間数（単位hour）、②プロジェクト授業の学習到達目標の数、③プロジェクト授業全体に費やした授業回数を記載している。また、備考は所要時間と授業回数の関係が表されている。この調査の中では、90分授業のプロジェクト授業が多いことがわかる。特に90分授業15回分という授業案が3件あり、大学において1セメスターをプロジェクト授業にあてる場合にはこの授業案を採用することが可能である。しかし、授業到達目標数が大きく異なっており、ある授業案では90分授業15回分で17の到達目標が設定されているのに対し、別のものでは同じ時間数で4つの到達目標が設定されているに過ぎない。授業時間数あたりの到達目標数に差異がある理由は学習者の習熟度等に起因すると思われるが、明確な理由が与えられていないために、今後これらの授業案を参考に自身のプロジェクト授業を設計しようにも到達目標数を設定する際に戸惑いが生じることは間違いない。

　他者が実践した授業をそのまま模倣することが非常に難しいことは論を待たない。先述したシラバス上の位置づけや学習者の習熟度等に加え、教員のビリーフが異なることもその重要な要因に挙げられよう。授業における学習において何が重要かは教員各々の信念や経験によって異なることは当然であり、その意味において他者が実践した授業を別教室で再生産・追体験できることにそこまで大きな意味はないと考えることもできる。他方で、アクティブ・ラーニング型授業における気づきが「副次的副産物」であるなら、少しでもその可能性を高めるためにも、実践された優れた授業案が少しでも多くの教員に共有され可能な限り再現されることも、気づきを得る授業が広く実践されるためには重要であると言えるのではないだろうか。

5．アクティブ・ラーニング型授業の分析用記録フォームの開発について

　アクティブ・ラーニング型授業に対する需要がますます増加している現代において、その意義のひとつである気づきを得るための仕組みを解明することは重要である。しかしこれまでの議論で明らかにした通り、従来の研究は自身が実践した授業に関する分析が中心で、他者が再生産することを前提とした議論ではなかった。すなわち、他の教員が実践した優れたアクティブ・ラーニング型授業を広く再生産することができず、また気づきを得る仕組みの解明のために必要な事例研究も行いにくいという状況と言える。

　こうした現状に対し、気づきの仕組みを記録するためにアクティブ・ラーニング型授業の分析用記録フォーム開発を提案する。アクティブ・ラーニング型授業を記録する共通のフォームがあれば、他者が実践した授業を比較分析することが可能となるに違いない。ここではアクティブ・ラーニング型の初修外国語（ドイツ語）授業に対象を絞り、記録フォームに盛り込むべき項目・要素について検討する。

　このとき、記録対象となるべき項目・要素は、アクティブ・ラーニング型授業において観察者が観察可能な事柄および教員がコントロール可能な項目となる。確かに、アクティブ・ラーニング型授業は本来的に学習者主導が志向されるべきであり、その意味で観察者や分析者にとって興味深いのは学習者側の学びのプロセスであろう。しかし先述した通り学習者の「気づき」が副次的であるため、他の教員が当該授業のコピーを他の教室で実践したとしても、学習者が同様の「気づき」を得られるとは限らない。また、「気づき」のプロセスも学習者内部で起こる事柄であるがゆえに、その分析にはインタビューなどの定性的調査が相応しく、記録フォームが前提とする定量的調査には馴染まない。それゆえ、

記録対象はあくまで当該授業の再生産が可能であることを目指し、授業環境および教員がコントロール可能な事柄に限定する。

　ただし、記録対象はあくまで学習者が中心となることは間違いない。つまり、学習者にとってどのように設定された学習環境であるのかという視点や、学習者を教員はどのようにコントロールするのかという観点が対象となる。それゆえ、本稿では①内化―外化―内化プロセス、②タイムテーブルの2点に絞って考察する。

① 内化―外化―内化プロセス

　アクティブ・ラーニングにおいて必要不可欠なのは、内化―外化のプロセスであると言われている。

> アクティブラーニングは「認知プロセスの外化」を学習活動のなかに正統に位置づけた。これはアクティブラーニングの功績である。だが、「外化のない内化」がうまく機能しないのと同じように、「内化のない外化」もうまく機能しない。内化なき外化は盲目であり、外化なき内化は空虚である[21]。

　アクティブ・ラーニングは学習者に活動をさせることに目が向きがちで、活動の源泉となる情報のインプットが不十分であるケースがあることが報告されている[22]。つまり、学習プロセスにおける情報のインプットと、それを有機的に関連させたアウトプットが重要なのである。たしかに学習プロセスは内化―外化というふたつの要素からのみ成立するの

---

[21] 松下佳代：「ディープ・アクティブラーニングへの誘い」、松下佳代編著：『ディープ・アクティブラーニング』、勁草書房、2015年、9ページ。
[22] 森朋子：「アクティブラーニングとは何か ―『わかったつもり』を『わかった』に導く授業デザイン―」、『ドイツ語教育』Nr.21、ドイツ語教育部会、2017年、10ページ以下参照。

ではなく、松下（2015）では学習プロセスを内化—外化を含む6つのステップを経るものとされているが[23]、内化—外化がアクティブ・ラーニングの成否を左右する主要な要素であることは明白である。それゆえ、記録用紙には内化—外化のプロセスが明確にわかるように記録しなければならない。後の分析者によって、内化にあたる活動が授業実践教員の意図から外れて別の活動と解釈されてしまうことは、当該授業の再生産という目的を達成することにならない。

　ただしこのとき、内化—外化は一方通行の学習プロセスではなく、内化と外化のプロセスを繰り返しながら螺旋階段を上るように学びを高めることとなる。森（2017）では「内化1—外化—内化2」というように、学習の過程で外化のあとにもう一度内化を促すことで、「学生は、『わかった』にたどり着く」[24]と述べている。このようにして得られた理解＝内化2は、次に別の対象を内化—外化する際に「道具」[25]として用いられることになり、このスパイラルによって知識が深まるのである。したがって、分析用紙には少なくとも内化—外化—内化プロセスが書き込まれる必要がある。そして、これらが有機的に関連していることを示すことが重要であると言えよう。

　加えて、教員が行った支援（助言や指導）も記録されると良いだろう。森（2017）ではこの教員支援がアクティブ・ラーニング成功の鍵であるとしている。多くの場合、内化—外化プロセスのみで終わってしまうことに触れたうえで、「そうすると外化における言語活動や議論のすり合

---

[23] 松下佳代，2015年，9ページ。すなわち、動機づけ—方向づけ—内化—外化—批評—コントロールである。
[24] 森朋子，2017年，13ページ。
[25] 松下佳代，2015年，9ページ。松下は遠近法を例にとり、次のように述べている。「知識は内化される段階では，活動システムにおける〈対象〉の位置にある（たとえば『遠近法を理解する』というとき、『遠近法』は理解の対象である）。しかし、外化の段階では〈道具〉になる（たとえば『遠近法の点から芸術作品を分析する』というとき、『遠近法』は分析の道具になっている）。」

わせを通じてコンピテンシーが育成されるので，コンピテンシーのみの育成を促したことになる。理解も伴うためには，内化2として外化で生じた疑問を教員が吸い上げ、学生の思考よりも一段高い認知レベルにおいて解説、総括、さらには『教える』を行うことによって、学生は『わかった』にたどり着く」[26]と述べている。したがって、学習者に理解を促す教員の支援もまた、アクティブ・ラーニング分析に必要な要素と言える。

　以上のことから、教員支援を含む内化―外化―内化プロセスが記録用紙に盛り込まれる項目となる。

②　学習プロセスのタイムテーブル

　上述の通り、アクティブ・ラーニングには複数のプロセスが含まれている。それゆえ、原則として計画したプロセスすべてを完遂できる授業時間が確保されていなければならない。記録用紙には、その授業時間すべてを記録する必要がある。ただし、アクティブ・ラーニングに要する時間は極めて自由であり、1回の授業で完結するものから1セメスターをかけて行うもの、学士課程4年間をかけて行うものまで非常に幅が広い[27]。もっとも、教員が自身の裁量で実施できるアクティブ・ラーニングに限定するならば、その時間幅は最長でも1セメスターである。というのも、基本的にシラバスが定める期間を超えて授業を設計することは（公的には）難しいからである。学習プロセスのタイムテーブルは、1セメスターまでの活動が記録できるものであれば良いと言える。

　このタイムテーブルは、授業実践前に作成される授業案や学習シナリオと区別する必要がある。学習シナリオは授業の流れを学習者に伝達し、

---

[26] 森朋子，2017年，13ページ。ただし強調筆者。
[27] 松下佳代，2015年，10ページ。

アクティブ・ラーニングを円滑に実施するためには不可欠である。目標に向かってどのような道筋をたどるのかを学習者に事前に示すことで、授業の中の活動を目的と結びつけることができるため、自身の現在の立ち位置（進度、理解度など）を知ることに役立つからである。他方記録用紙のタイムテーブルは、実践されたアクティブ・ラーニングを分析するものであることから、アクティブ・ラーニング実践後に実際の経過を書くものである。学習シナリオはプランであり、現実に行われた活動を正しく反映しているわけではない。記録用紙のタイムテーブルは、実践の経過を時間軸に沿って報告できることが肝要である。

　このタイムテーブルに、前項の内化—外化—内化プロセスを記録することとなる。すなわち、インプットをどのタイミングでどのように行ったのか、アウトプットをいつどのように行ったのかを、実際の時間軸に沿って記録する。内化—外化—内化プロセスが1回の授業で完結する場合、90分の時間配分を記録するのみで十分であろう。しかし、より複雑なのは、複数の授業回にまたがるプロセスの場合である。これには、例えば内化1を課題に設定するなど、そのプロセスの一部を課外活動にすることも十分あり得る。そのときは課外活動も記録しなければならないと言えよう。したがって、正規の授業時間以外のプロセスも記載できるよう記録用紙には工夫が求められる。

　また、複数回にまたがるプロセスのとき、二重の内化—外化—内化プロセスが現れる可能性がある。例えば授業回数3回にわたるプロジェクト授業案を計画した場合、1回目を内化、2回目を外化、3回目を内化とすることが考えられる。しかし、90分の中で内化や外化のみを行うということは現実の授業シーンでは考えにくい。授業には導入や振り返りの時間を設けることが多く、それを内化や外化として位置づけることも不可能ではない。それゆえ、大枠の内化—外化—内化プロセスと並行して、小さな内化—外化—内化プロセスが含まれることが考えられる。

　アクティブ・ラーニングの分析用記録用紙に関する項目について、学習プロセスとタイムテーブルに絞って考察を進めてきた。アクティブ・ラーニングに関する実践授業の蓄積について、統一的なフォームがないことを念頭に、授業実践後に他者が当該授業を分析できることを目標とした。その際、学習者の内面で起こるアクティブ・ラーニングの効果に関する記録ではなく、外部から観察可能である教員による授業計画・運営を記録範囲とした。アクティブ・ラーニングの内化―外化―内化を実施のタイミングごとに記録することが求められるが、2つ以上のプロセスが同時並行的に実施されることもあるため、その記録も可能であることが必要であるとした。

　以上の記録用紙については、先述した通り、アクティブ・ラーニングの効果を含めたものではない。その意味でアクティブ・ラーニングの姿を完全に再現するものとは言えないだろう。学習者側の視点に基づく記録用紙を用意し、学習者自身に記録をとってもらうことで、はじめて学習者の内面で起こった出来事（効果）を知ることができる。第一段階として教員側の記録用紙を作成し、次にこれを学習者自身が記録した学びのプロセスと比較分析することで、アクティブ・ラーニングの具体的な働きが見えてくることになる。

おわりに

　アクティブ・ラーニングが日本国内に紹介されてから、すでに20年以上経過している。近年になりようやく文科省主導の導入が本格化することになってきたが、従来の実践報告では、アクティブ・ラーニングの実践者が行った報告が中心であることから十分な分析が進んでいない。今後アクティブ・ラーニングの導入を促進するためにも、他の教員が行っ

た様々な実践を再現したり、効果を分析したりできる環境の整備が必要
になる。

参考文献

板山眞由美，森田昌美編：『学習者中心の外国語教育を目指して　流通科学大
　　学ドイツ語教授法ワークショップ論文集』，2004年

ウィルキンソン，ジェイムズ：「アメリカの諸大学におけるFD（大学教員研
　　修）の動向」，『京都大学高等教育研究』No.3，1997年

大山泰宏：「<記録>問題提起『相互行為分析の観点から』」，『京都大学高等教
　　育研究』No.5，1999年

齊藤公輔：「初修外国語におけるプロジェクト授業のありかた ―自律学習を中
　　心に」，田原憲和，齊藤公輔，鈴木智，神谷健一著：『プロジェクト授業の
　　設計と運営 ―ドイツ語教育の現場から』，大阪公立大学共同出版会，2016
　　年

齊藤公輔：「『めやす』×CEFRの試み　『めやす』とCEFRを活かす授業案」，
　　田原憲和編著：『他者とつながる外国語学習をめざして　「外国語学習の
　　めやす」の導入と活用』，三修社，2019年

杉山成，辻義人：「アクティブラーニングの学習効果に関する検証：グルー
　　プワーク中心クラスと講義中心クラスの比較による」，『小樽商科大学人文研
　　究』No.127，2014年

辻義人，杉山成：「同一科目を対象としたアクティブラーニング授業の効果検
　　証」，『日本教育工学会論文誌』No.40，2016年

松下佳代：「ディープ・アクティブラーニングへの誘い」，松下佳代編著：
　　『ディープ・アクティブラーニング』，勁草書房，2015年

溝上慎一：「アクティブ・ラーニング導入の実践的課題」，『名古屋高等教育研
　　究』No.7，2007年

森朋子：「アクティブラーニングとは何か ―『わかったつもり』を『わかっ
　　た』に導く授業デザイン―」，『ドイツ語教育』Nr.21，ドイツ語教育部会，
　　2017年

統計・政府関係資料

「平成29・30年改訂学習指導要領のくわしい内容」（https://www.mext.go.jp/a_menu/shotou/new-cs/1383986.htm）（2020年5月27日最終アクセス）

「主体的・対話的で深い学びの視点からの授業改善」（https://www.mext.go.jp/a_menu/shotou/new-cs/__icsFiles/afieldfile/2020/01/28/20200128_mxt_kouhou02_01.pdf）（2020年5月30日最終アクセス）

「高等学校学習指導要領（平成30年告示）解説　外国語編　英語編」（https://www.mext.go.jp/content/1407073_09_1_2.pdf）（2020年11月5日最終アクセス）

「中央教育審議会2000/12答申」（https://www.mext.go.jp/b_menu/shingi/chuuou/toushin/001237.htm）（2020年5月29日最終アクセス）

中央教育審議会「新たな未来を築くための大学教育の質的転換に向けて～生涯学び続け、主体的に考える力を育成する大学へ～（答申）」用語集（https://www.mext.go.jp/component/b_menu/shingi/toushin/__icsFiles/afieldfile/2012/10/04/1325048_3.pdf）（2020年5月29日最終アクセス）

教育課程企画特別部会　論点整理　補足資料（5）（https://www.mext.go.jp/component/b_menu/shingi/toushin/__icsFiles/afieldfile/2015/09/24/1361110_2_5.pdf）（2020年5月29日最終アクセス）

「国籍・地域別在留外国人数の推移」（http://www.moj.go.jp/content/001308162.pdf）（2020年5月27日最終アクセス）

「しまね統計情報データベース」（https://pref.shimane-toukei.jp/）（2020年5月27日最終アクセス）

【著者紹介】

池谷　尚美（いけや　なおみ）

東京都立大学大学院人文科学研究科博士後期課程満期退学。修士（文学）。現在、横浜市立大学、東京都立大学ほか非常勤講師。主要業績に、「『めやす』が示す評価と今後の課題 ―教育現場における教師の声を手掛かりに―」（共著者：中川正臣）田原憲和編著『他者とつながる外国語授業をめざして 「外国語教育のめやす」導入と活用』（三修社　2019年）など。

田原　憲和（たはら　のりかず）

大阪市立大学大学院文学研究科後期博士課程修了。博士（文学）。現在、立命館大学教授。主要業績に、田原憲和編著『他者とつながる外国語授業をめざして 「外国語教育のめやす」導入と活用』（三修社　2019年）、「再履修クラスにおける復習用動画の活用と学習行動への影響 ―授業内学習と授業外学習をつなぐために―」e-Learning教育学会『e-Learning教育研究』第12号（2018年　13-22ページ）など。

齊藤　公輔（さいとう　こうすけ）

関西大学大学院文学研究科博士課程後期課程単位取得退学。博士（文学）。現在、中京大学准教授。主要業績に、「初修外国語教育におけるプロジェクト授業のあり方 ―自律学習を中心に」田原憲和・齊藤公輔・鈴木智・神谷健一著『プロジェクト授業の設計と運営 ―ドイツ語教育の現場から―』（大阪公立大学共同出版会　2016年）、「『めやす』×CEFRの試み ―『めやす』とCEFRを活かす授業案」田原憲和編著『他者とつながる外国語学習をめざして 「外国語学習のめやす」の導入と活用』（三修社　2019年）など。

ＯＭＵＰの由来
大阪公立大学共同出版会（略称ＯＭＵＰ）は新たな千年紀のスタートとともに大阪南部に位置する５公立大学、すなわち大阪市立大学、大阪府立大学、大阪女子大学、大阪府立看護大学ならびに大阪府立看護大学医療技術短期大学部を構成する教授を中心に設立された学術出版会である。なお府立関係の大学は2005年４月に統合され、本出版会も大阪市立、大阪府立両大学から構成されることになった。また、2006年からは特定非営利活動法人（NPO）として活動している。

Osaka Municipal Universities Press(OMUP)was established in new millennium as an association for academic publications by professors of five municipal universities, namely Osaka City University, Osaka Prefecture University, Osaka Women's University, Osaka Prefectural College of Nursing and Osaka Prefectural College of Health Sciences that all located in southern part of Osaka. Above prefectural Universities united into OPU on April in 2005. Therefore OMUP is consisted of two Universities, OCU and OPU. OMUP has been renovated to be a non-profit organization in Japan since 2006.

「気づき」を促進するプロジェクト授業の実践と考察
—ドイツ語教育の現場から—

2021年３月16日　初版第１刷発行

編著者　　齊藤　公輔・田原　憲和・池谷　尚美
発行者　　八木　孝司
発行所　　大阪公立大学共同出版会（OMUP）
　　　　　〒599-8531 大阪府堺市中区学園町１−１
　　　　　大阪府立大学内
　　　　　TEL　072（251）6533　FAX　072（254）9539
印刷所　　和泉出版印刷株式会社